これが九州方言の底力！

とっとっと　だごひん
ぐらぐらこく　ばされー
みごみご　むしゃんよか
なーい　わくしゃうつ
まんがくっと　こがん
行きたむながる　ぬっか
ラーフル　リバテープ
パライソ　カライモ

ちょーしょー　がまだすなー
ばってん　ぐらー
よだきい　ほーぶら
かるのうろん　くやしむしょか
きさん　にがさー

九州方言研究会　編

大修館書店

まえがき

九州地方の方言は室町時代の末、ポルトガルの宣教師たちによって辞書に多数とりあげられました。また、江戸時代には国学の大家、本居宣長によって、熊本の方言がいにしえの風雅を残すものとして注目されました。

九州方言は、奈良時代以後、長く政治・文化の中心であった京都・大阪のことばと大差なく、ルーツは同じとみられます。しかし、鎌倉・室町時代以降、京阪のことばが近代化したのに対し、九州方言は古代日本語の特徴を色濃く残し続けました。一方では、都から遠いために独自の変化を起こしました。その結果生まれたのが現在の九州方言です。

今もなお独自の変化を進めつつある九州方言には、いったい、どんな底力が秘められているのでしょうか？　九州方言というと「ばってん、よかたい、どげんか、おいどん、見ゆる…」といったことばがすぐに思いあたるでしょう。ところが九州方言といっても県によって地域差が大きく、変化に富んでいます。そこで九州各県の大学で日本語・方言の調査研究にあたっている大学教員などが、「九州方言研究会」として情報交換・研究発表会、共同研究などを行ってきました。その情報や研究成果の蓄積の一端を、九州在住の方や九州方言に関心のある方々に提供したいと

思い、この本を作りました。例えば、

・大分県・宮崎県でよく使われる「よだきい」は「余は大儀である」という殿様のことばから変化した？

・「ばってん」の語源は but then という英語？

・精出して働くことを「がまだす」と言うけれど、「我慢出す」が変化したの？

・宮崎県で入院患者さんが「夕食を食べきらん（食べつくせない）」とおっしゃるのですが、病院食がおいしくないのかしら？ 他県出身の医師はどう対処したらよいのでしょうか？

こういった多くの人が持つ九州の方言に関する疑問・質問に答え、疑問を解き明かすことを目標に、諸項目を選定し、三つの章にまとめました。

各項目の執筆にあたっては、先学の様々な研究の成果を参考にしましたが、読みやすさを考慮してあえて言及しませんでした。参考文献としてその一部を巻末に示してあります。先学の学恩に感謝申し上げます。また、大修館書店編集部の山田豊樹氏には多大な尽力をいただき、おかげでわかりやすいものに仕上がりました。

二〇〇九年　三月

執筆者を代表して、

杉村孝夫

もくじ

その二　これが定番！　九州方言……73

福岡
しろしい（水気があってうっとうしい、不快）
せからしか（煩わしい、うるさい）
きんしゃい（いらっしゃい）
ばさらか（大ざっぱ、いい加減）
ごりょんさん（商家のおかみさん）
あのくさ（あのね）
大分
よだきい（面倒だ、きつい、大儀な）
むげねえ（かわいそう）
おじい（こわい）
よこう（やすむ）
すもつくれん（くだらない、馬鹿馬鹿しい、役に立たない）
なしか（なぜだ？）
佐賀
なーい（はい）
そいぎんた（そうしたら）
やーらしか（かわいい）
ぎゃーけ（風邪）
おいけんさい（別れのあいさつ、憩いなさい）
がばい（とても）
長崎
ばってん（～だけれども）
おうち（あなた）
ちんちょか（珍しい）
いが（赤ん坊）
さるく（歩き回る）
むぞか（かわいい）

九州方言大集合

九州各県の代表的な方言、有名な方言を集めました。

熊本

ちょうじょう（ありがとう）
〜してはいよ（〜してください）
とつけむにゃー（とんでもない）
もっこす（頑固者）
わさもん（新しいもの好き）
〜しなっせ（〜しなさい）
あとぜき（通ったあと戸をきちんと閉めること）

宮崎

よだきい（面倒だ、きつい、大儀な）
てげ（とても）
てげてげ（いい加減、ほどほど）
いっちゃが（それでいいんだよ）
じゃがじゃが（そうだそうだ、その通り）
だれやみ（晩酌）

鹿児島

ぼっけもん（大胆者）
おやっとさー（お疲れ様）
きばいやんせ（がんばりなさい）
おさいじゃったもんせ（おいでください）
おかべ（豆腐）
めっかりもうさん（こんにちは）
ぐらしか（かわいそう）

ようこそ！九州方言の世界へ

山口県の下関から列車に乗り、海底トンネル（関門トンネル）を抜けると、そこは九州です。江戸時代まで、豊前・豊後・日向・筑前・筑後・肥前・肥後・薩摩・大隅の九つの国があったので九州と呼ばれていますが、今は七つの県になっています。七つの県はそれぞれ個性的で、方言も県ごとに違いがあります。それでは、北から順に列車で旅してみることにしましょう。

北九州から大分へ

北の玄関口、北九州市は明治以降、工業都市として発展した町です。そのせいか、ことばは全体的に共通語に近く、あまり九州方言っぽくありません。アクセントも東京的です。ただ、「これが北九州方言！」と言える語がないわけではありません。それは文末詞の「っち」「っちゃ」です。共通語の「って」「んだよ」に当たる方言で、「明日から始まるっち（始まるって）」「そーっちゃ、こっちがいーっちゃ（そうなんだよ、こっちがいいんだよ）」のような使い方です。「っち」「っちゃ」は会話での出現率が高いだけに、結構、印象に残ります。

ＪＲ小倉駅から特急に乗って一時間半で大分市です。ことばは一転して古色蒼然としてきます。大分方言には古典の上二段活用「起くる」や下二段活用「建つる」、ナ行変格活用「死ぬる」のような古い語形や「すず（鈴）／くづ（屑）」の区別といった古い発音が残っているのです（⇒**30** 以下、詳述している本書の項目を、項目番号で示します）。しかし、その一方で、主語を表す「花ぐ・花い」のような珍しい助詞（⇒**25**）や、三種類の可能表現がある（⇒**20**）など、バリエーションに富んでいます。文末詞はここでは「雨じゃなー（目上に）」「雨じゃのー（目下に）」のように丁寧表現に一役買っています。

大分から宮崎へ

日豊本線をさらに三時間南下すると宮崎市です。ここの文末詞は「っちゃ」に「が」の付いた「っちゃが」。例えば「もう始まるっちゃが」「こっちがいっちゃが」。大分県と共通する語もたくさんあります。そのうち「よだきい（億劫だ、しんどい）」は両県で「県民性を表す方言」と言われていて、この辺一帯に「よだきい文化圏」が形成されています（⇒19）。

宮崎方言のもう一つの特徴は、単語に決まったアクセントが無い（無アクセント）ことです（⇒35）。ただ、無アクセントは宮崎だけの特徴ではなく、佐賀から宮崎に至る、結構広い範囲に広がっています（図）。

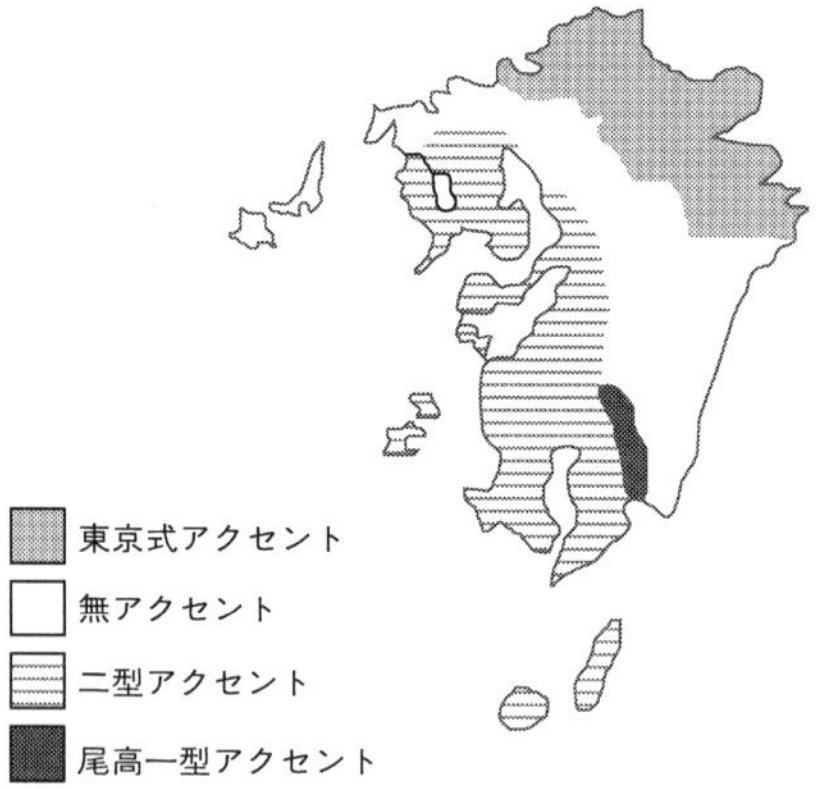

九州におけるアクセント分布

宮崎から鹿児島へ

宮崎市から西へ方向を変えましょう。特急で二時間ほど行くと鹿児島市です。途中、都城市に入ったあたりから方言が大きく変わります。先ほどの宮崎市の「ちゃが」は、ここでは「ど」になります（もう始まっど、こっちがよかど）。「ど」は鹿児島の代表的な文末詞ですが、都城は江戸時代、薩摩藩の領地だった関係で、今でもことばは鹿児島方言なのです。

鹿児島方言は九州の中でもかなり特徴のある方言ですが、最も特徴的なのは発音です。

例えば「口・靴・首・釘・来る」はすべて「くっ」、「蟻・有る」は「あい」、「紙・噛む」は「かん」。これだけ同音語が多いと、よその者にはほとんど聴き取りができません（⇓12）。アクセントが二型アクセント（後ろから二つめだけが高い型と最後だけが高い型の二つを持つアクセント）であること（⇓42）も、聴き取りを難しくしています。「隠密対策のために薩摩藩がわざとことばを変えた」という言い伝えは、こんなところから生まれたのでしょう。

鹿児島から熊本へ

今度は鹿児島本線に乗り換えて、のぼっていくことにしましょう。九州新幹線に乗ると一時間で熊本市です。熊本は九州の真ん中に位置しますが、ことばの上でも、熊本方言は最も九州方言らしい方言です。例えば、「ばってん」「よる・とる」「たい・ばい」「と」「こがん」「温《ぬ》っか」「本ば読む」など、「これが定番！九州方言」で取り上げた語がたくさん使われています。福岡、佐賀、長崎でもこれらの語を使いますが、いろいろな語を総合して、九州にしかない（九州以外の地域にはない）特徴を拾い出してみたとき、それが最も多いのが熊本方言だと言われています。

これらを使って「これが定番！　熊本方言文例」を作ってみました。「がまだしてむっかしか本ば読みよったばってん、つまらんばい。こぎゃんして馬刺しで酒ば飲むとがたいぎゃあよか（がんばって難しい本を読んでいたけれども、つまらないよ。こうして馬刺しで酒を飲むのが大変いいよ）」。詳しくは「その二　これが定番！　九州方言」「その三　こんなに深いぞ！　九州方言」へどうぞ。

熊本から福岡へ

熊本市から福岡市へは特急で一時間二〇分。熊本で使われる「ばってん」以下の語は、福岡市でも使われます。なかでも文末詞の「と」は、本来の「明日から始まると｜（明日から始まるのだ）」「こっちがよかと｜（こっちがいいのだ）」のような用法に加えて、最近は「ここが好きと｜（ここが好きなのだ）」「あれは佳子と｜（あれは佳子なのだ）」のような新しい用法を生み出しています（⇩**28**）。

このほか、福岡市では「ごりょんさんの来《き》ござー／来《こ》らっしゃー／来《き》んしゃー（女将さんが来られる）」などの敬語をよく耳にします。旧武家の町のことばでは「来《き》がっしゃー」とも言いますが（⇩115頁）、最近は「来《き》んしゃー」に一本化されつつあります。

福岡から佐賀へ

　福岡市から佐賀市へは特急で約三五分。ことばも福岡市方言と似ています。佐賀方言では、「あんた」という呼びかけの語が後ろに付くのが特徴です。この「あんた」は前の語と発音が融合して、実際には「よかかんた（いいか？）」「よかばんた（いいよ）」のように「かんた」「ばんた」で出てきます。それぞれ「かい＋あんた」、「ばい＋あんた」のつづまったものです（⇒**21**）。山口方言に「のんた」という語がありますが、語源は「のう＋あんた」ですから、佐賀方言の「かんた」「ばんた」と同類の語です。
　最近は「がばい」（⇒95頁）で注目を浴びている佐賀方言ですが、「かんた」「ばんた」や「煙草下さい」「なーい」（⇒**6**）、「どんどんどん」（⇒21頁）など、他にも佐賀独特の方言がたくさんあります。

佐賀から長崎へ

　佐賀市から長崎市へは特急で約一時間二〇分。長崎方言も熊本や福岡、佐賀の方言に同じく、定番九州方言をたくさん使います。なかでも、「長崎ばってん江戸べらぼう」ということばがあるように、「ばってん」は長崎方言の十八番《おはこ》です。「か」や「が」を付けて「雨ん降いよっばってんか、行くばい（雨が降っているけど行くよ）」「そーばってんが、行かれんたい（そうだけれども行けないのだ）」のように言うこともあります。

一方、発音やアクセントに関しては、福岡方言や熊本方言よりも鹿児島方言に似た特徴を持っています。例えば、右の「降いよっ」は「降りよる」が元で、これに「り→い」、「る→っ」の変化（鹿児島方言の「有《あ》い」「来《く》っ」と同じ変化）が起きたものです。アクセントも二型アクセントで、鹿児島と共通しています（12頁図）。現在の県単位のまとまりとは別に、長崎から島原、天草、鹿児島へかけての島伝いに、古くから人の交流があったことを方言は示しています。

駆け足で九州方言をぐるっと一周してきました。これはまだ、ほんの入り口。次の頁からが本当の「九州方言の底力！」です。各駅停車の旅で、どうぞごゆっくりお楽しみください。

（木部暢子）

その一 まるで暗号！九州方言

「事故を起こすなんてとんでもない」九州方言は音の変化が面白い。（→2）

この章の内容から

「なかなかなか」って何の暗号？→1
「いちみちきちくりー」ってどんな意味？→2
「ぐらぐらこく」ってどんな状態？→4

1 とっとっと、すーすーすっ、なかなかなか

九州方言はダジャレの宝庫？

花見の場所取りに行った人が、先に来ている人を見つけて、「そこ、取っているの？」という意味で、「そこ、トットットッ？」と言うことがあります。これに対して、先に来ている人は、「うん、トットットッ」（ああ、取っているよ）と返すこともあります。この「トットットッ」は、「取る」に動作の存続を表す「とる」（**17**参照）が付き、さらに共通語の助詞「の」に相当する「と」が付いたものです。（以下、本書内で関連する項目を「**17**参照」のように項目番号で示します）

また、少し肌寒い日に、部屋の窓が閉め切られていなくて、すきま風が入って来たときなどには、「スースースッ」（すーすーする）と言うことがよくあります。「スースー」は風が肌にあたって寒気を感じる様子を表す擬態語、「スッ」は動詞『する』が変化したものです。

このように、九州方言では、二つ以上のことばが連続する際に、たまたま同音や類音が重なったような面白い発音になることがよくあります。「トットットッ」と「スースースッ」が特に有名で、テレビなどでもよく紹介されますが、ほかにもいろいろあるようです。

以下には、長崎方言での同様の言い方を紹介しますが、同じような表現が特に九州西北部地域で多く見られるようです。さあ、どういう意味だかわかりますか？

(1)コラ旨かバナナバナ。
(2)こんごろテロテロ起こって怖か。
(3)リスクの多かとは株のバイバイバイ。
(4)あんたとは今日でバイバイバイ。
(5)こん子はシャーシャーシャーば残す。
(6)旅行にいっとはナンナンナ。
(7)あん店にはヨーヨイヨイヨ。
(8)こがん旨か肉はナカナカナカ。
(9)立てち言うたけんタッタッタイ。
(10)こん番組はナンカナンカネ。
(11)こがん尖っとる鉛筆やったら指にササッサー。
(12)五日のほうがヨッカヨカヨカ。
(13)ガソリン代の上がるとはネンネンネ。
(14)鼻水のズルズルズル。
(15)この辺で事態ばシューシューシュー。
(16)夜中にうろつく犬はヤケンヤケン危なか。
(17)町まではトーカトカ。

(18)あん国はウランバウランバ外貨ば稼げんとやろ。
(19)犬のオテショニオテシヨッヨ。
(20)汽車の踏み切りば通る音はゴトゴトンゴト聞こゆる。

こたえ

(1)これは美味しいバナナですね。
(2)このごろテロなんかが起きて怖い。
(3)リスクが多いのは株の売買だよ。
(4)あなたとは今日でさようならですよ。
(5)この子は再々おかずを残す。
(6)旅行に必要なのは何と何ですか。
(7)あの店にはよく寄っているよ。
(8)こんなに美味しい肉はなかなか無い。
(9)立てと言ったから立ったんだ。
(10)この番組は何だか長いね。
(11)こんなに尖っている鉛筆だったら指に刺さるさ。
(12)五日のほうが四日よりは良い。
(13)ガソリン代の上がるのは年々なのか。
(14)鼻水がずるずると出る。
(15)この辺で事態を収拾しよう。
(16)夜中にうろつく犬は野犬だから危ない。
(17)町までは遠いのか。
(18)あの国はウランを売らないと外貨を稼げないのだろう。
(19)犬が小皿にお手をしているよ。
(20)汽車が踏み切りを通る音はゴトゴトというように聞こえる。

(坂口　至)

これが九州方言の底力！

さまざまな音の変化により、九州方言では同じ音が繰り返されることがよくあります。ときになぞなぞや暗号みたいだったり、その性質を用いたダジャレが連発されたりするのも、方言ならではの魅力!? 九州方言の音の世界を存分にお楽しみください。

犬がワンワンワン

佐賀の三連オノマトペ

佐賀県では、「犬がワンワンワンで吠える」のように、三度繰り返す擬声語・擬態語（オノマトペ）が使われます。これは全国的にも珍しい表現です。

「犬がワンワンワンで吠える」や「風がビュービュービューで吹いていた」と比べると、「猫がニャンニャンニャンで鳴く」「風がヒューヒューヒューで吹いていた」のほうが使用が少なく、「台所でコトコトコトで材料を切っている」もあまり頻繁には使われません。三連のオノマトペは、勢いのある強い様子や音によく使われる傾向があるといえます。

ほかの例を挙げると、擬声語・擬音語では、「人がギャーギャーギャーで騒ぐ」「太鼓がドンドンドンで鳴る」「雨がジャージャージャーで降る」など、擬態語では、「ドンドンドンで急いで行った」「アメンボがスイスイスイで泳いでいる」「ご飯をガツガツガツで食べる」などがあります。また、「期待してワクワクワクする」など、心情を表す用法も見られます。

なお、三連のオノマトペは、年配の人々には佐賀県全域で使われますが、若い年代の人ほど使用が少なくなり、佐賀市・多久市周辺に使用地域が狭まっていく傾向にあります。

（藤田勝良）

2 いちみちきちくりー

大分方言の音変化

「すまんけんど、あんた、ちょっとあっきー　いちみちきちくりー。」

これは、おばあちゃんがお嫁さんに「あなた、ちょっとあそこに行って見て来てくれ」と頼んでいる表現です。

大分の方言は、九州の他の方言に比べると、これは！という印象が薄いのではないでしょうか。例えば、発音に非常に特徴のある鹿児島の方言や、「ばってん」「ばい・たい」などで有名な福岡、熊本などの方言のような、際立った特徴がないと思われているかもしれません。そんななかにあって、大分の方言に接した人たちがよく挙げる特徴がいくつかあります。

(1)敬語表現が少ないために、乱暴な印象を与えがちである。

(2)全体に文末を下げた調子（イントネーション）で話すので、ぶっきらぼうで押し付けがましい印象を与えやすい。

などがそうでしょう。

もうひとつ、若い女性でも「たけー(高い)、やしー(安い)、しりー(白い)、くりー(黒い)…」

のように言うので、初めて聞いた人はビックリするといいます。つまり、

(3)言いやすいように元の音を融合させたり変化させたりして、音の変化が目立つこと。もよく指摘される特徴です。

冒頭の「いちみちきちくりー」は、共通語の「〜して」が「〜しち」となったもので、これも県外の人たちには印象的な音変化の例のひとつです。「〜して」という言い方は、「朝起きて、顔を洗って、出かける用意をして、車に乗って、仕事に行って、…」というように、私たちの日常の話のなかに頻繁に出てきますから、かなり目立つ耳につく言い方でもあります。（ただし、「行ってらっしゃい」は「行っちらっしゃい」にはなりません。在来の言い方「気をつけち行ちきないえ」は「ち」になりますが…。つまり、共通語的な新しい言い方では起こらず、前々からある日常化した言い方の場合にのみに起こる変化です。）

同様に、共通語の「〜で」も大分では「お茶をついじ、飲んじ、…」のように「〜じ」になりますし、また「どこでするの？　ここでいい？」なども「どこじすんの？　ここじいい？」のように言います。つまり、大分方言には、エ段の母音がイ段になる傾向があるのです。

（日高貢一郎）

これが九州方言の底力！

共通語の「〜して」に相当する大分の「〜しち」は、頻繁に使われることばだけに、耳に残りやすく、大分方言の印象を形作るうえでも、特徴的な要素のひとつとなっています。

3 おもしれーこっせん？

宮崎の新しい方言

「曇ってきたので午後はきっと雨じゃない？」と言う場合、「雨じゃない？」にあたる部分を宮崎の方言では「雨じゃねー？」「雨じゃねーか？」「雨じゃねーとか？」のように言いますが、最近、宮崎の若者の間で「雨やこっせん？」というように「〜こっせん」という新しい表現が使われ始めました。

これ　いーこっせん？（これ、よくない？）
えれー　ぬきこっせん？（とても暑くない？）
おもしれーこっせん？（面白くない？）
てげ　むかつくこっせん？（とてもむかつかない？）
雨　まだ　ふっちょっこっせん？（雨がまだ降っているんじゃない？）

これらは聞き手に軽く同意や確認を求めるときに使う表現で、文末部分は共通語のちょうど「雨じゃない？」と同じように上昇調となり、最初に挙げた「雨じゃねー？」などと比べると、間接的でやわらかい感じがする表現です。

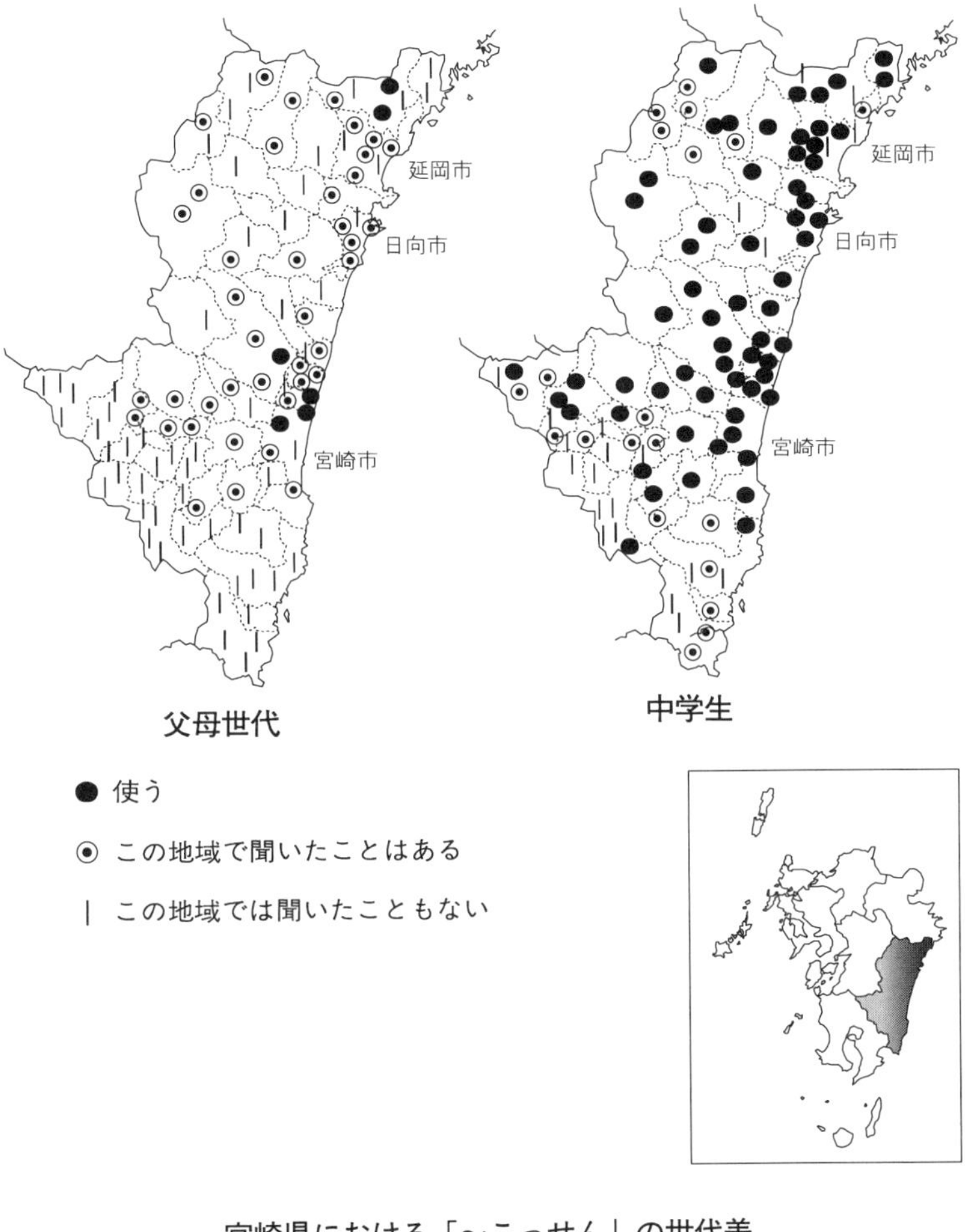

宮崎県における「〜こっせん」の世代差

宮崎県の「〜こっせん」の使用状況の地図を前ページに掲げました。九七年の調査結果ですが、中学生では、「〜こっせん」が広く県内に拡がっているのに対し、その父母の世代では、宮崎市と県北の延岡市に使う人がいるくらいで、それ以外の地域では、使うことはほとんどありません。「〜こっせん」は九〇年代初めに宮崎市内で使用されるようになったといわれますから、宮崎市内からまず、宮崎県北部の延岡市や日向市に伝播し、その後、急速に県北中部各地の若者に拡がったようです。伝播の速度が速いことを考えると、都市と都市とを結ぶ鉄道や道路が「〜こっせん」の広がりに一役買ったものと思われます。伝播の途中で、いろいろなバリエーションも生まれました。例えば、延岡市などの県の北部地域では、「〜ごっせん」という形が使われています。また、「〜ことない」「〜こつねー」「〜ごつねー」という形も若者の間でよく用いられています。どちらかというと、「〜こっせん」を用いない人は「〜ことない」、「〜こつねー」「〜ごつねー」をよく使います。

おもしれーことない？（面白くない？）

おもしれーこつねー？　おもしれーごつねー？（面白くない？）

これらのバリエーションから、「〜こっせん」の語源は次のように考えることができます。まず、前半部分の「こっ」「ごっ」は、宮崎方言に従来からある、

人生　いーこつばかりはねー（人生いいことばかりはない）

おもしりーごつ魚が釣れた（面白いように魚が釣れた）

の「こつ」や「ごつ」と関係がありそうです。「こつ」は共通語の「こと」に、「ごつ」は九州で広く使われる「〜のようだ」の意味の「ごと」にあたることばです。次に、後半部分の「せん」は、「あらせん（ありはしない）」の「せん」と関係があります。つまり「〜こっせん」「〜ごっせん」は、「ことあらせん」「ごとあらせん」が変化したもので、なるべくぼかして確かめたいといった意図が働いて生まれた表現だということができます。最初に述べたように、「〜こっせん」に間接的でやわらかい感じがあるのも、このためです。

ところで、宮崎の「〜こっせん」は、厳密には多少の違いがあるものの、東京の「おもしろいじゃん」の「じゃん」や関西の「おもろいやん」の「やん」と似ています。「じゃん」や「やん」は全国の若者に支持され、いまや全国各地に拡がりつつありますが、あたかもそれに対抗するかのように、宮崎では独自の新しい形式を生み出しました。それが、「〜こっせん」なのです。

（岸江信介）

これが九州方言の底力！

全国的に地域差が失われ、言語・文化・慣習などの画一化が急速に進みつつあるなか、地域の独自性やアイデンティティを維持しようとするパワーが九州にはあります。宮崎の「〜こっせん」は若者の間に生まれた新しい表現であり、このパワーを象徴づける特色があるといえるでしょう。

4 びょうびょういんの遠ぼえ

九州方言の擬声語・擬態語

冬の夜遅く、近所で犬の鳴き声が聞こえます。シュウヘイ君は、その日、学校で英語の時間に聞いたことを思い出しておじいさんに聞きました。

「いん（犬）の鳴き声は世界中どこも同じかと思ったっちゃけど、ちごーとると（違ってるの）？」

「そうたい、英語じゃバウワウばってん朝鮮語はモンモン、モンゴル語ではガンガンてゆーげなたい（言うそうだよ）。所変われば品変わるやね。」

「ばってん日本じゃ昔からワンワンで、かわらんめー（変わらないだろう）。」

「そげなことはなか。江戸時代より前には『びょう』て鳴きよったごたー（鳴いていたようだ）。」

犬の鳴き声についての話は言語の比較から日本語の歴史に移り、尽きないようです。確かに古い文献には「びょう」という鳴き声の記録があります。ただし、これは野犬の遠吠えで飼い犬の鳴き声とは違うものだったようです。今でも犬の鳴き声を「びょうびょう」と言うところは、島根県や高知県、長崎県などに残っています。博多では負け犬という意味の「びょうびょういん」にその痕跡をとどめています。「びょうびょういんの遠ぼえ」は、負け犬の遠吠えという意味です。この「びょうびょう」や「ワンワン」のように、音を表すことばを「擬声語」といいます。

福岡県や熊本県では、子牛のことを「べべ」と言い、大分県や長崎・鹿児島県では「べべのこ」と言います。また、牛のことを鹿児島では「べぶ」と呼びます。これらは、いずれも、擬声語をもとにした呼び名だといえます。「べべのこ」は東北方言の「べこっこ」という呼び名とよく似ています。擬声語をもとにしてできたことばにも、遠い地方とのつながりがあるようです。

もー、たいがい、ぐらぐらこいたばい（いい加減、頭にきたよ）

における、「ぐらぐらこく」（頭にくる）のように、音のしないものごとの様子を表し、音そのものが意味を持っているかのように感じられるように表したことばを、擬態語といいます。「ぐらぐらこく」は福岡県などで使われる擬態語です。

てれーっとしとーけん、間違うと
（ぼんやりとしているから間違えるんだよ）
もさっとしとらんで、こっちば、かしぇーしんしゃい
（ぼさっとしていないでこっちを手伝いなさい）

この例なども、九州方言らしい擬態語だといえるでしょう。「てれー」は福岡、熊本、大分県、「もさ」は福岡県周辺に広まっている言い方です。これらのことばは、使う人の心にぴったり合

い、微妙な感覚やニュアンスを表現するために欠かせないものになっています。
擬声語は実際に耳に聞こえる音がありますから、何を表しているのかまだしも想像がつきます。しかし、擬態語になると、他の地方の人には予想もできないような意味のものが数多くあります。例えば、宮崎県都城《みやこのじょう》にはこんな言い方があります。

そんげ、がながなしちょったら何もできんが。
さあ、みごみごして、でかくっど（出かけるよ）。
先生がほめたら、うそうそのぼせちょっ（のぼせている）。

「がながなしちょる」は体力がきわめて弱い様子、「みごみご」は肌がきれいに洗われた様子を表します。「うそうそ」は得意な様子です。音と意味との関係は一度結びつくとその結びつきが自然に感じられますが、何と何を結びつけるかは言語社会の社会習慣であり、学習によってしか得られないものです。

ホトトギスの鳴き声の表し方は、「ほんどんとけたか」「ほんじょんかけたか」（鹿児島県）や、「ほっしんとけたきゃ」（熊本県）、「ほっちょかけたか」（福岡県）、「ほんぞうかけたか」「ほんそんかけたか」（長崎県）など各地で多彩ですが、これは江戸時代の『犬筑波集』にある「仏壇に本尊かけたかほととぎす」をベースにして地域ごとに様々に変化したものです。このように鳥の鳴き声などを人のことばに見立て、意味を持たせたものを「聞きなし」といいます。

弟を疑ってあやめた兄が「弟恋しい」と泣き叫ぶあまりホトトギスになったという『ほととぎすと弟』の昔話には、「おっとと（弟）来たか、ほんぜん（本当に）来たか」（長崎県）、「たんたんたけじょー、どぎゃんしちょるか」（熊本県）、「ほったんたけたか　おっとと（弟）来たか」（大分県）のような聞きなしが語られています。

佐賀県の「嘉六どんとからす」という昔話は、聞きなしのオンパレードです。鯨肉を行商する嘉六にからすが「かろくー、かろくー」と呼びかけるので、嘉六がからすに「鯨肉を買うのか」と聞くと、「かおー、かおー」と鳴きます。「いくら欲しいのか」と聞くと「ごろっきん、ごろっきん（五六斤）」と鳴くので「よしそれならやろう」と肉を切って投げてやると、肉がからすに当たりそうになり、からすは「かわん、かわん」と言って逃げてしまいます。そこへ鳶が肉をつかんで舞い上がり、上空で「ひーるたー（拾った）」と鳴きます。「ひるーたー」は「拾った」の意の佐賀県の方言です。

（杉村孝夫）

これが九州方言の底力！

九州方言の擬声語・擬態語には、日本語の歴史を考えるヒントになるものや、独特の感覚・感性を表現したものなどがあって、極めて多彩です。「ぐらぐらこく」や「がながなする」の意味あいがわかったら、あなたも相当な九州方言通です。

5 右さん曲がる

方向を表す方言

佐賀県で、タクシーに乗っていると、「そこ、右さん曲がってもよかですか」と運転手に聞かれることがあります。この「さん」は方向を表すもので、運転手さんは「右へ曲がってもいいですか」と尋ねたのです。方向を表す「さん」は、九州全域で使われますが、地域によりいろいろなバリエーションがあります。「右へ曲がった」の各地の言い方を挙げてみましょう。

福岡　…右さい曲がった
佐賀　…右さん曲がった
長崎　…右さにゃー曲がった
熊本　…右さん曲がった
鹿児島　…右さめ曲がった、右せー曲がった
大分　…右さに曲がった
宮崎　…右さね曲がった

これらの「さ〜」は、かつての京都で平安時代から鎌倉時代にかけて、次のように使用された「さまに、さまへ」という形式に由来します。

雨のあしよこさまにさはがしう吹きたるに（『枕草子』）
（雨脚が横なぐりになるほどひどく風が吹いているときに）
おとども立ちてとさまにおはすれば（『源氏物語』浮舟）
（夕霧の大臣も立って外の方に出ていらっしゃるので）
この暁にいみじく大きなる人魂のたちて、京さまへなむ来ぬる（『更級日記』）
（今日の暁に大変大きな人魂が現れ出て京の方へ飛んできた）

先に挙げた九州各地のバリエーションは、次のような変化を経た結果です。

さまに → さまい → さめー → さめ
さまい → さない → さねー → さにー → さい → せえ
さない → さにゃー
さい → さん

ところで、方向の「さ」は東北方言でも使われています。かつて京都で使われていた「さまに、さまへ」が時を経て、日本列島の両端に残っているのです。方言周圏分布（35頁参照）の典型的な例です。ただし、現在の九州方言の「さ〜」と東北方言の「さ」には、二つの違いがあります。

まず、形の面では、九州方言のほうが「さい、さん、さにゃー、さね、さめ、せー」など多くの種類があって複雑なのに対し、東北方言は「さ」だけで単純です。次に、意味の面では、九州方言の「さ」の類が最初に挙げた「方向」の意味や、「役場さん行った（役場へ行った）」のような「移動先」の意味に限定されているのに対し、東北方言の「さ」の類は、共通語の「へ」だけでなく「に」のかなりの意味をカバーしています。例えば、次の通りです。

東の方さ行け（東の方へ行け）
東京さ着いた（東京に着いた）
おれさ貸せ（おれに貸せ）
見さ行った（見に行った）
ここさある（ここにある）

東北方言は、形はシンプルだが意味は多彩、それに対して九州方言は、形は多彩だが意味はシンプルで昔の京都語をそのまま残しているということができます。

（藤田勝良）

これが九州方言の底力！

「右さん曲がる」の「さん」は、「～の方向へ」を意味する古語、「さまに」「さまへ」に由来します。発音がいろいろに変化しているので気づかないことも多いのですが、九州方言には平安から鎌倉時代の京都のことばが、そのままの意味で残っています。

方言周圏論

九州方言と東北方言は親戚!?

新しいことばが文化の中心地で生まれると、人の行き来によって周辺に伝播します。それが繰り返されると、文化の中心地の周辺に、距離に応じたことばの輪のようなものが幾重もでき、発生の古い語ほど発生地から遠い地域で使われることになります。歴史的な変化の過程が地理的な分布に投影されるのです。このような考え方を、方言周圏論といいます。

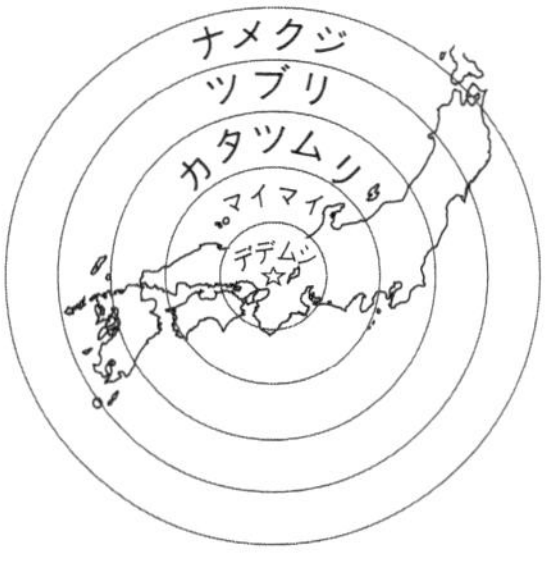

「蝸牛」分布のイメージ

柳田《やなぎた》國《くに》男《お》は『蝸牛考《かぎゅうこう》』で、日本国中の多種多様なかたつむりの方言分布を、この考え方によって説明しました。東北や九州に見られるナメクジ類が最も古く、関西を中心に東西に広く分布するデデムシ類が一番新しい。中間に分布するツブリ・カタツムリ・マイマイ類は、京都から離れて分布する順に京都で発生した、ということを解明したのです。

この仮説によって、九州と東北北部の方言が似ている理由を説明することもできます。

（杉村孝夫）

6 有ってもなーい？

佐賀の応答詞

佐賀県内の店先でのこと。買い物客が店の主人に品物を指し、「これを下さい」と言うと、

「なーい」

という返事。お客は「有るじゃないかっ！」とかんかんだったとか…。

と、これは、佐賀では、「はい」という返事を「なーい」と言うという知識から生まれた「有ってもなーいの佐賀ことば」としてよく話題になるエピソードなのですが、実際にはこんな誤解は起こりません。

実際の佐賀での使用例は、次のようなものです。

「ごめんなさい。」（こんにちは）→「なーい。」（はい）

「おせっつぁ、おっかーい。」（おせつさん、居るかい。）→「なーい。」（はい）

「ない、客は来《き》んさらんかったよ。」（はい、お客さんは来られなかったよ。）

以上は、「なーい」が応答のことばとして用いられたものですが、

「さむかときじゃない。」（寒いときだからね。）

のように文末表現として用いられる「ない」と語源は同じものと考えられます。ただし、これは、現在ではお年寄りの一部の人たちが使うだけです。

ちなみに、「ない」は、江戸時代に書かれた日本初の全国方言辞典『諸国方言物類称呼』には肥前（現在の佐賀）および仙台のことばと紹介されています。佐賀県だけでなく、東北の方言にもあったのです。今日でも、岩手県の遠野地方に残っています。このことは、九州と東北という、都から遠く離れた地域に共通した言葉の特徴が見られることの一例であり、柳田國男の方言周圏論（35頁参照）を思い起こさせます。

このほか、福岡県の「なー、みんなしてしもーと。」（はい、みんなすんでしまいました）における「なー」や、秋田県の「な、な、やります。」（はい、はい、やります）における「な」なども、佐賀の「なーい」の仲間です。

（藤田勝良）

これが九州方言の底力！

「はい」という返事を表す「なーい」は、佐賀を代表することばです。東北にも同じような表現があり、方言の伝播、変化を考える上で興味深い事例です。

7 まんがくっど

幼児語の世界

子どもがぐずついて、言うことをきかないとき、鹿児島では次のように言います。

そげんゆこつきかんなら、まんがくっど。（そんなに言うことをきかないなら、お化けが来るよ）

長崎県では「お化け」を「あもじょ・あもよ」と言い、

はよーねらんば　あもじょのくっぞ。（早く寝なければお化けが来るよ）

と言って子どもを脅して寝かしつけます。

そのほかにも、日本各地には、「くじをくりよったらがもにやるぞ（だだをこねていたらお化けにやるぞ、広島県）」、「泣くともーもに噛《か》ましてやるぞ（泣くとお化けに食わせるぞ、富山県）」、「泣げば山がらもっこくるぁねぇ～（泣けば山からお化けがくるよ、青森県津軽）」のような表現があります。「お化けが来るぞ」と言って泣く子を黙らせるのは、全国的な風習のようです。

「お化け」を表すこれらのことばは、大人が幼児と話すときだけに使われる幼児語ですが、このようなものにも方言があります。九州で使われる幼児語を挙げてみましょう。

⑴仏様

なんなんさん（仏様、宮崎・鹿児島）、なんまんさん（仏様、鹿児島）、まんまんさん・まんまんちゃん（仏様、長崎・大分）

⑵食べ物

じーじ・じじ（魚、福岡・熊本・長崎・大分・宮崎）、たいたい（魚、大分・長崎壱岐）、ぶー（魚、宮崎・鹿児島）、ぼー（魚、長崎）、いげ（魚の小骨、熊本・宮崎・佐賀）、ぼっち・ぼっちん（餅、福岡・大分・長崎）、ぞろぞろ（めん類、熊本・佐賀）、うも（水、鹿児島）、ぶー・ぶぶ（水、福岡・大分）、あか・あかぶ（お酒、大分・福岡）、あっぽ・かっか（お酒、長崎壱岐）、たんたん（お酒、福岡・熊本・大分）

⑶衣類

べんべん（服、熊本・鹿児島）、しゃっぽん（帽子、長崎壱岐）

⑷生活

ちゃぼちゃぼ・ちゃぶちゃぶ（お風呂、大分・長崎）、じぇんじぇん（お金、熊本）

⑸動作

からいからい・かいかい（おんぶする、九州各地）、えんこ（座る、佐賀）、ちん（座る、大分）、ちょいする（座る、長崎壱岐）、きんきんする（正座する、鹿児島）、あんびあんび（歩く、長崎）、ちゅっちゅっち（手拍子、長崎壱岐）

⑹**動物**

がんがん（蟹、長崎壱岐）、べぶ（牛、鹿児島）

⑺**その他**

ポンポン（砂、長崎壱岐）、トントン（舟、長崎壱岐）、

イロイロ（鉛筆・文字、長崎壱岐）、ぎっこ（舟、長崎対馬）

⑴の「仏様」を表す幼児語は各地にあります。「なんなんさん」「なんまんさん」は仏様を拝むときの「南無阿弥陀仏」からきていると思われます。「まんまんさん」はこれが変化したものでしょう。ちなみに関西でも「まんまんちゃん、あん」と言います。

⑵の食べ物を表すことばにも幼児語が豊富です。「魚」に幼児語が多いのは、魚中心の食生活を反映しているのでしょう。語源はわからないものが多いのですが、柳田國男によると、「ジジ」は魚を火にあぶって焼く音、「タイタイ」は「頂戴」という語の加工といいます。「ぼっち・ぼっちん」が「もち（餅）」の変化したもの、「ぞろぞろ」がめん類をすする音から生まれたということは、想像できます。「いげ」は「とげ」を表す方言の「いげ」を魚の小骨に応用したものです。

その他には、衣服、生活、動作など、子どもの日常生活に密着した幼児語が挙がっています。「ちゃぼちゃぼ・ちゃぶちゃぶ」はお湯が揺れるときの擬音語ですが、このほかにも、同じ発音を二回繰り返すことばがたくさん挙がっています。「じぇんじぇん」は「お金」の方言「じぇん

（銭）」を二回繰り返したもの、「からいからい・かいかい」「あんびあんび」「がんがん」「きんきんする」はそれぞれ、「おんぶする」の方言「からう」、「歩く」の方言「あゆび」、「蟹」の方言「がに」、「きちんと」にあたる方言「きん」を二回繰り返したものです。共通語にも「かんかん（頭）」「ぽんぽん（腹）」「おめめ（目）」のように、この類のものがたくさんありますから、同じ音を二回繰り返すのは幼児語の常套手段といってよいでしょう。(5)の「ちゅっちゅっち」や(7)の「ポンポン」「トントン」「イロイロ」の語源はよくわかりませんが、同じ音を二回繰り返すという点では、典型的な幼児語です。

ところで、最初に挙げた、「お化け」を表すことばの語源は何でしょうか。「まん」「めん」については、福岡の「わんわん（お化け）」と関係があるのかもしれませんが、よくわかりません。「あも」については、一説に「咬《か》もう」「食《は》もう」の変化といいます。「お化けが来るぞ」と脅すのと同じように、「お化けが噛むぞ」と言って子どもを脅すからだというのですが、これについてもはっきりしたことはわかりません。「お化け」の正体と同じで、「お化け」の語源もわからないほうがいいのかもしれませんね。

（友定賢治）

これが九州方言の底力！

幼児語にも九州方言がふんだんに使われています。幼児語は大人になると使われなくなりますが、幼児のころに身につけたこれらの語が、九州人のこころの支えとなっています。

8 学校に行きたむながる

「行きたがらない」では表せない真情

子どもたちが寝静まった深夜、おばあちゃんがおじいちゃんに深刻な表情で話しています。

「ねえ、サトシが学校に行きたむながっち、困っちょるんよ。」

「ん？　どうした？　体ん具合でも悪いんか？」

「いや、それが、どうも友達とうまくいっちょらんごたるんよ。」

どうやら孫のサトシ君が、学校でいじめにあって、不登校ぎみだということのようです…。

「行きたむながる」をあえて共通語に訳すとすれば、「行きたがらない」となるでしょうか。しかし、その言い方では、サトシ君の気持ちを正確に捉えていないのではないか、と感じます。

ではまず、この共通語の「行きたがらない」という言い方のしくみを考えてみましょう。

「〜したがる」には、「〜したいという気持ちや様子」を「表現する」という意味があります。

最初に肯定形の「行きたがる」から整理すると、

(1)行きたがる ＝ 行きたい（肯定）＋ がる（肯定）

（〈行きたい〉という気持ちを表現している）

ということです。言い換えるなら、「行きたい」と「(強く) 思っている」というわけです。つまり、X＝「行きたい」と、Y＝「そう表現している」という二つの要素を組み合わせた表現法なのです。

これに準じて考えると、先の、その否定形の「行きたがらない」は、

(2)行きたがらない ＝ 行きたい (肯定) ＋ がらない (否定)

〈〈行きたい〉と〈表現していない〉〉

になります。

あれ〜っ？　でも、よく考えると、ちょっと意味あいが違っていませんか？　冒頭の会話で出てきたサトシ君の思い、彼の本音をよく考えてみてください。彼の心中は、決して「〈行きたい〉と〈表現していない〉」などというレベルではなかったはずです。本当は、「〈行きたくない〉という強い気持ちを表現していた」のではないでしょうか。

共通語では、

A〈行きたい〉と〈表現していない〉 → Xを肯定 ＋ Yを否定

B〈行きたくない〉と〈表現している〉 → Xを否定 ＋ Yを肯定

という、実際には相異なるこの二つの思いの違いを、厳密に言い分けることはできません。どち

らの場合もひとくくりにして、ただ「学校に行きたがらない」と表現するしかないのです。

ところが、大分方言には、Bの「〈行きたくない〉と〈(強く)表現している〉」ことを表せる、ちょうどぴったりの言い方があるのです。それが冒頭の「行きたむながる」だったのです。つまり、

(3)行きたむながる ＝ 行きたくない(否定)＋がる(肯定)
〈行きたくない〉という気持ちを表現している)

というしくみを持っているのです。すなわち、Xを否定＋Yを肯定しているのです。

大分方言では、AとBの意味の違いを、次のような言い方ではっきりと区別することができます。

A〈行きたい〉と思っていない場合
↓行きたがらん ＝ 行きたい(肯定)＋がらない(否定)

B〈行きたくない〉と思っている場合
↓行きたむながる ＝ 行きたくない(否定)＋がる(肯定)

この「行きたむながる」は「行きたうもない」+「がる」が変化したものだと思われます。(共通語の「みっともない」が、「見たくもない」という意味の「見とうもない」がさらに変化して

できたことも考え合わせてください）。しいて直訳するならば「行きたくながる」ということになるでしょうか。

この、共通語にない、方言特有の言い方は、主に大分県の年配の人たちの間で使われています。「～したむながる」は、人の繊細な気持ちを詳細かつ端的・的確に表現するものです。その微妙なニュアンスの使い分けができる大分方言は、やはりすぐれものだと感じます。

しかし、この非常に表現力のあることばも、惜しいかな、最近は衰退傾向にあるようです。そのことによって、細やかな表現法の一つが失われてしまうとしたら、大変残念なことです。

（日高貢一郎）

これが九州方言の底力！

「行きたむながる」は「〈行きたくない〉と〈（強く）表現する〉」という意味の大分方言です。共通語の「行きたがらない」では言い表せない微妙なニュアンスを的確に表現できる、すぐれものです。

9 おろ痛うなりました

熊本の医療現場より

熊本のある公立病院の外科部長A医師は、「医者は患者さんと、方言で円滑なコミュニケーションができんと、一人前じゃなかばい」という信念を持っている方言の達人です。ある高齢の神経痛の患者さんに、新しい薬を処方してみました。数日後に再来院したその患者さんに、

「新しか薬はどぎゃんだったですか（どうでしたか）？」

と、その効果を尋ねたところ、

「はーい。おろ痛《いと》うなりました。」

と方言で答えが返ってきました。

さすがの方言の達人も「おろ」の意味がわかりません。「おろ痛うなる」は、痛みが増すのか？　痛みが和らぐのか？　しかし、少しも慌てず、患者さんに教えを請いました。

A医師「団子ば食べて、甘味が少なかときゃ、『おろ甘か』、品物ば見て、あんまり良うなかったときゃ、『おろ良か』て言いなはっですか？」

患　者「はーい。そぎゃん言いますなあ。」

A医師「そんなら、『おろ痛うなった』て言うとは、『痛みが少なくなった』て言うこっです

か？」

患　者「そう、そのとおりですたい。先生は方言にも詳しかですなあ。」

A医師「いや、いや。たいしたこつぁありまっせん。」

いつも方言で、心地よく円滑なコミュニケーションを図る気さくな医師が、さらに理解を深めようと患者に歩み寄ることで、信頼関係をいっそう強化したことは言うまでもありません。

「おろ」は平安時代から古典に登場する古語です。例えば、『今昔物語』では、

三日ばかりを隔てて、（病気が）おろ癒ゆるほどに…

というように使われています。傍線部は「（病気が）少しよくなる。いくらかよくなる」と言っているのだから、「おろ」は昔も今も「少し、わずか、不完全に」という意味で、十分でないさまを表していたことがわかります。「おろ痛うなりました」を共通語訳すると、「あまり痛くないようになりました」「痛みが緩和しました」ということです。もし、この患者さんが、英語を話す外国人の患者さんだったら、“The new medicine has the effect changed into less pain.”と言うところでしょう。「おろ」と英語の“less”は意味・用法がほとんど同じです。

昔、都で使われていた古いことばは、京都から遠く離れたところに、方言として残っています。「おろ」もそのひとつで、現在は、東北の青森や、九州の福岡・佐賀・熊本・大分・宮崎などに

分布しています。九州では、「去年に比べて今年の冬は、おろ寒か（あまり寒くない）」「（雨が）おろ降る（少なく降る）」などの用法で高齢の方々が日常的に使っています。

古い時代の古典にみられるみやびなことばがよく残っている、という九州方言の特徴を最初に指摘したのは、江戸時代の国学者、本居宣長です。宣長の学校に熊本から入門した武士が、『源氏物語』などにみられるみやびな言葉を使うので尋ねたところ、「熊本ではだれもが、こんなことばをふつうに使っています」と答えた。当時、古典を研究していた宣長はそれに感動した。そんな話が『たまかつま』という著作に記されています。

病院や医療・介護施設には、痛みなどの感覚、自覚症状、身体の部分などについては、方言でないと的確に表現できない、方言のほうがピッタリの表現ができるといった患者さんがたくさん来ます。どこが、いつから、どのような症状があるか、といった医療情報を、患者さんから収集することは、医療面接の重要な目的のひとつです。この目的を達成するためにも、方言を活用した円滑なコミュニケーションが必要になります。

（吉岡泰夫）

これが九州方言の底力！

「おろ痛うなる」は、痛みが緩和したことを意味します。「おろ」は「少し、わずか、不完全に」といった意味で、英語の less とほとんど同じようなはたらきをします。「おろ」は、平安時代にも使われていた古語が、今、方言として残っている例のひとつです。

医療現場と方言

安心と信頼の医療のために

「患者とのコミュニケーション」というテーマで、全国の一七五人の医師を対象に、インターネット調査を実施しました。診療時に方言を使う効果を、複数回答で挙げてもらった結果が、下のグラフです。

「親近感を持たれ、患者との心理的距離が縮まる」と「患者をリラックスさせ、心を開かせる」は約七割、「痛みの感覚や自覚症状などの情報を患者から円滑に引き出せる」「患者と打ち解けて理解し合うことができる」「患者と共感を伴う信頼関係を築くことができる」は約4割です。これらの効果は、安心と信頼の医療にはとても大切なことです。

医療現場は、方言の大切さを再確認させてくれる場でもあります。

（吉岡泰夫）

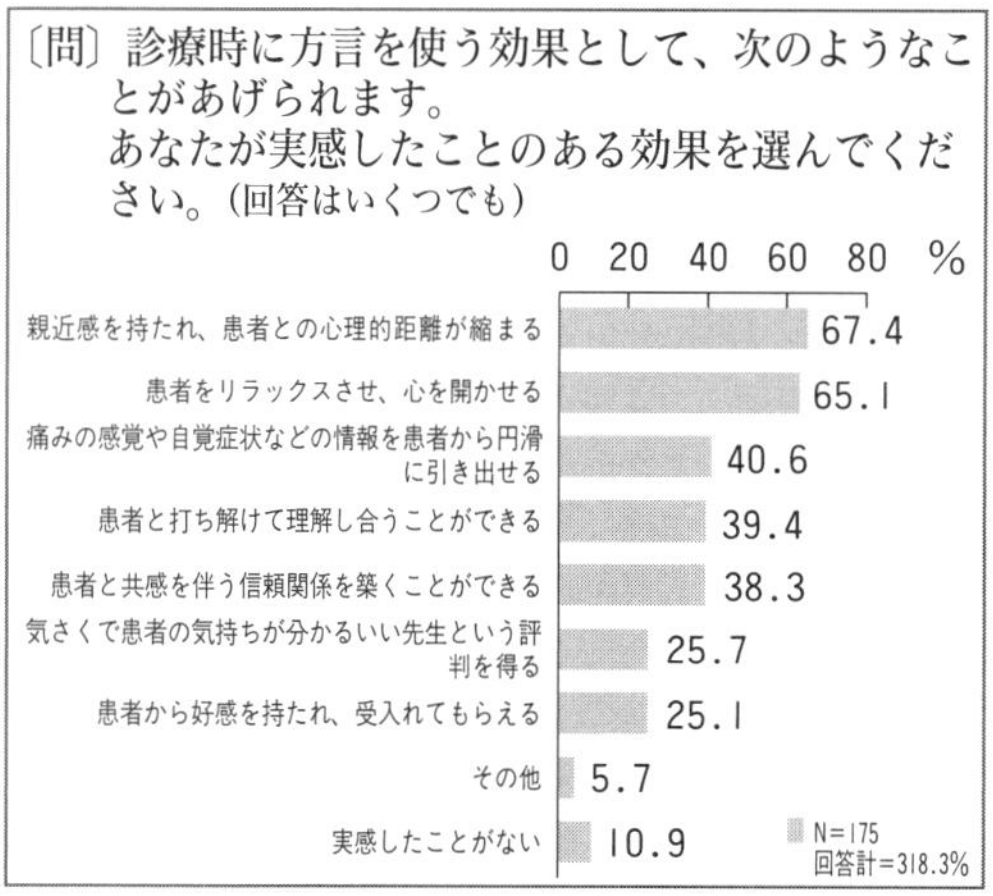

診療時に方言を使う効果

10 お醤油、隣からかってきて

古典の活用を残す九州方言

ある日、福岡市に住む高校生の理香さんは、同居している祖母のタエさんから、次のように頼まれました。

「お醤油を切らしたから、隣に行ってかって来て」

このことばを聞いて理香さんは、「あれっ」と思いました。お隣はスーパーでもなく、コンビニでもありません。普通の民家です。そこへ行って、お醤油を「買って」来るなんて変です。理香さんは、しばらくして、おばあさんがお醤油を「借りて」来て欲しいという意味で言ったと理解しましたが、どうして「かって」と言うのか不思議に思いました。

伝統的な西日本や九州の方言と、共通語や東日本の方言、そして九州の若い世代のことばが、なぜこのように違うのでしょうか。まず古語辞典か電子辞書で「借《か》る」を引いてみると、「借る」は古くからある語で、古典文法では「から（ず）、かり（て）、かる、かる（時）、かれ（ば）、かれ」と活用する、いわゆる四段（現代文法の五段）活用動詞であることがわかります。

次に、「借《か》りる」を引くと、高校で使う古語辞典には載っていません。電子辞書のほうでは、

「近世後期ごろから江戸で使われ始めた語形」という説明があります。江戸時代から使われたものですから、平安時代のことばが中心の古語辞典に載っていないのもうなずけます。活用は「かり（ない）、かり（て）、かりる、かりる（時）、かりれ（ば）、かりろ」となり、「起きる」や「落ちる」と同じ上一段活用動詞です。

では、この「借る」と「借りる」はどのような関係にあるのでしょうか。結論から先に述べると、「借りる」は、「借る」からの派生で、別の動詞「買う」が深く関わってできた語形ということになります。この変化は、日本語の歴史のある時期に、東日本で起こった出来事で、その結果が現在の共通語に引き継がれているのです。

じつは、東日本でも、かつては「借る」と四段活用の語形を使っていました。四段活用の語は、連用形に接続助詞の「て」や完了の助動詞「たり」が付くときには、平安時代から音便という変化を起こしていました。たとえば、「書く」の「かきて・かきたり」が「かいて・かいたり」となるように（これがイ音便です）、「借る」の場合も「かりて・かりたり」が「かって・かったり」となりました（これが促音便です）。ところが、「借る」の音便形「かって・かったり」の場合には、都合の悪いことが起こったのです。それは、別の動詞である「買う」がすでに「かって・かったり」という音便の形をとっていたために、「かって・かったり」の意味が「借る」なのか「買う」なのか、さきほど理香さんの例で見たように、非常に紛らわしくなってしまったのです。日常生活で「借る」と「買う」は、同じような場面で用いられますので、なおさら誤解を招きやすくなります。そこで、当時の人々は、この紛らわしさを解消するために、「借る」の音便形「かって・かったり」をやめ、音便を起こす前の「かりて・かりたり」に戻して用いるようになりました。

「かりて・かりたり」のように音便を起こさない動詞には、ほかに「おりて・おりたり」となる「下りる」、「おきて・おきたり」となる「起きる」などがありました。そこで、「かりて・かりたり」もこれらの音便を起こさない語に引かれて、「借りる」という語形に自らの姿を変えたものと考えられています。

このように、東日本では「借る」から「借りる」への取り換えが行われましたが、西日本では、「借る」はもとのままで、何の変化も起きませんでした。それはなぜかというと、東日本で「借る」が「借りる」へと変わる原因を作った「買う」が、西日本では「かって・かったり」と促音便を起こさず、「こうて・こうたり」といわゆるウ音便を起こしたからです。つまり、「借る」の音便形が「かって・かったり」のままでも、「買う」の音便形が「こうて・こうたり」なので、紛らわしいことはひとつもなく、

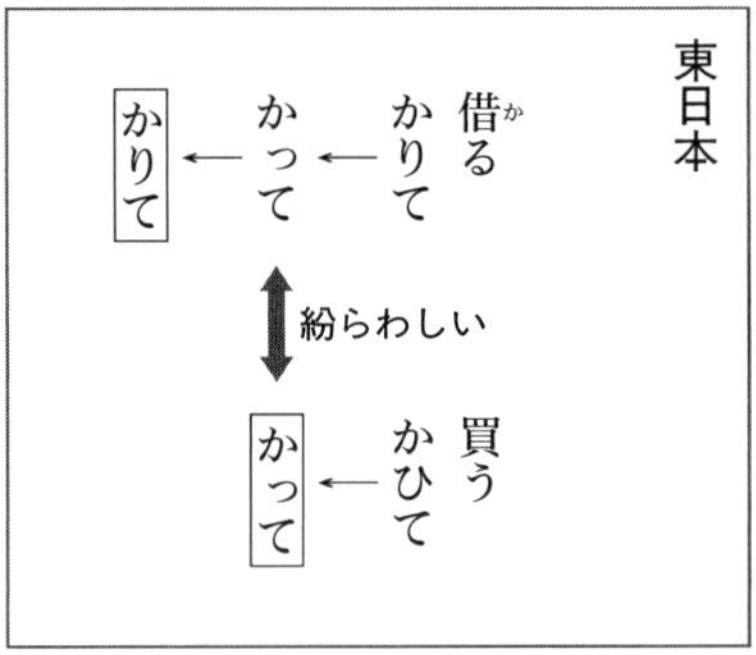

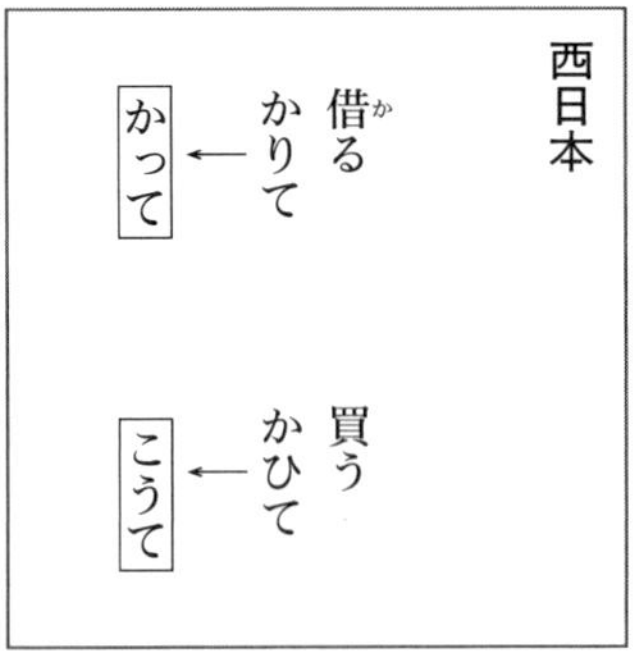

語形を変える必要がなかったということなのです。

　ことばというものは、時にこのような、まるで生き物のようなダイナミックな歴史をたどることがあります。ことばの面白さを堪能できるトピックではないでしょうか。

　ところで、「借る」から「借りる」のように、四段活用から上一段活用に変化した語が、ほかにもあります。それは、「足る」から変化した「足りる」と、「飽く」から変化した「飽きる」です。これらも、東日本が「足りる」「飽きる」、西日本が「足る」「飽く」と、「借りる」「借る」と全く同じような使用地域の分布となっています。ただ、この二つの語の変化には、「借る」の場合のような、特別な事情を考えることは難しく、「下りる」「起きる」、そして「借りる」などの語形に引かれてできたものと考えるよりないようです。

（坂口　至）

これが九州方言の底力！

「虎の威を借る狐」「信ずるに足る」「飽くことを知らない」「あくまで」などのことわざや慣用句には、九州方言と同じ「借る」「足る」「飽く」が使われています。九州方言を知れば、古典に強くなれる、これこそ九州方言の底力です。

11 ラーフルはどこから来た？

学校生活と九州方言

鹿児島県の小学校の職員室での会話です。ベテランの先生が、新任の先生に声をかけました。

「タナカ先生、ラーフルが古《ふ》るなっせえ、も使《つ》こがならんど。新《に》けとをくいやい。」

（タナカ先生、ラーフルが古くなってもう使えません。新しいのをください。）

東京から引っ越してきたばかりの新任の先生は、何のことだかわからず、きょとんとしています。その様子を見ていた教頭先生が、

「先生、学校でゆ使《つ》こもんの呼《よ》っかたを、早《は》よおぼえやんせお。」

（先生、学校でよく使うものの呼びかたを、早くおぼえなさいよ。）

と言って、備品のたなの箱の中から取り出したのは、新品の黒板消しでした。

黒板消しを「ラーフル」と呼ぶのは、鹿児島県が中心です。宮崎県でも使われますが、宮崎県では年配の人はあまり使わず、使うのは若い人たちです。そもそも、黒板拭きは学校でしか使いませんから、「ラーフル」ということばも、まず学校で広まり、子どもたちを橋渡しとして地域に広がっていったと考えることができます。

鹿児島では、「ラーフル」を共通語だと思っている人が相当数にのぼります。いかにも外来語的な響きがあるので、方言だという感じがしないからでしょう。最近は、新聞やテレビでこの話題が取り上げられることも多くなり、「ラーフル」を方言だと意識する人も多くなってきました。しかし、だからといって、「ラーフル」を共通語の「黒板拭き」に言い換えるかというと、そんな動きはまったくありません。「ラーフル」は、方言であっても使いたいことばの一つなのです。

では、なぜ鹿児島で「黒板拭き」を「ラーフル」と言うようになったのでしょうか。

まず、「ラーフル」の語源です。フランス語のrafle（一掃する）、英語のrubber（こすり消す物）、raffle（くず）、オランダ語のrafel（ほつれ糸）などの説がありますが、現在のところ、オランダ語説が有力のようです。最初、ある会社がオランダ語のrafelから「ラーフル」という商品名を考えだし、黒板拭きを売り出しました。その後、他の会社も「ラーフル」という名前で黒板拭きを売り出し、その結果、この業界では「ラーフル」が一般名称となっていったようです。ちなみに、事務用品のカタログには、現在でも「ラーフル（黒板拭き）」「ダストレスラーフル（粉の飛散を抑えたラーフル）」「ラーフルクリーナー（ラーフルに付いたチョークの粉を吸い取る機械）」などの商品名が載っています。鹿児島はこの「ラーフル」を取り入れたものと思われます。

それにしても、事務用品業界では普通名詞になっているくらいですから、「ラーフル」が鹿児島以外でも、もっと広く使われてよさそうなものです。不思議な現象です。

「ラーフル」のほかにも、学校から広まった方言はたくさんあります。

壁に模造紙を張るとき、紙のかどを留めるもの、針が付いているものですが、これを何と言うでしょうか？　「がびょう（画鋲）」ですか？　「押しピン」ですか？　おおざっぱに見ると、東日本では「がびょう」が、九州も含めて西日本では「がびょう」と「押しピン」の両方が使われています。「がびょう」は表面が平らなもの、「押しピン」は頭がプラスチック製ででっぱったものという使い分けをする場合もあるようです。おそらく、「押しピン」が使われていたところに、共通語の「がびょう」がやってきて、「押しピン」は、ピンというカタカナ表記も関係して、突き出たタイプのものの名称に移行したのではないかと思われます。

模造紙も九州では違った呼び方をします。熊本・佐賀では「ヒロヨーシ」、鹿児島では「ヒロハバヨーシ」、熊本では「タイヨーシ」という言い方があります。「ヒロヨーシ」と「ヒロハバヨーシ」は、「広（幅）洋紙」が語源です。「タイヨーシ」の本場は新潟県ですが、大きな洋紙の「大洋紙」が語源だといわれています。九州からちょっと離れますが、愛知・岐阜に「ビーシ」、富山に「ガンピ」といった語があります。「ビーシ」の語源は、洋紙のB判の大きさに由来するという説と、つやを消した模造紙をB模造紙と呼んだことに由来するという説があります。「ガンピ」は和紙の「ガンピシ」（雁皮紙）に由来する語でしょう。もちろん、模造紙は和紙ではなく洋紙ですが、富山では「ガンピシ」が紙を表す普通名詞の役割を果たしていたのだと思われます。

このほか、通学地域を何と呼ぶかにも方言があり、東日本ではもっぱら「学区」ですが、九州・沖縄を含めて、西日本では「校区」です。その間にはさまれた富山、石川、福井、岐阜には「校下」という言い方があります。

このように見てくると、学校から広まった方言は案外多いということに気がつきます。子どもたちがたくさん集まる学校というところから新しい方言が広まっていくのは、ある意味、当然のことかもしれません。

子どもたちの遊びのなかで使われることばも、方言がたいへん豊富です。例えば、仲間に入れてもらうときの掛け声を、東日本では「まぜて」と言い、西日本では「いれて」と言うことが多いようですが、九州では「かてて」「かたして」「かたらせて」と言います。このほか、じゃんけんのかけ声や選び歌の文句など、方言が生まれる素地はたくさんあります。どんなものがあるか、みなさんも思い出してみてください。

（二階堂　整）

これが九州方言の底力！

「ラーフル」「押しピン」「ヒロヨーシ」など、学校から広まった方言はたくさんあります。子どもたちが流行を広める力の強さを感じさせます。黒板拭きはチョークの粉をかぶるいやな仕事ですが、「ラーフルで拭く」と言うと、ちょっと格好よく聞こえませんか？

12 「みんのみん」ってなあに？

長崎県五島市方言の暗号解読

九州の西南部の方言には、「っ」や「ん」がやたらと登場します。ああ、思い起こせば二十数年前、私がまだうぶな学生のころ、初めての方言調査で長崎県五島市（旧福江市）に行きました。そこで、調査に協力してくださったおじいさんが、次のことばがわかるかと言ったのです。

(1)みんの　みんに　みんの　いって　みんの　みんの　いたか

さっぱりわかりませんでした。これは、「右の耳に水が入って、右の耳が痛い」という意味です。「右」も「耳」も「水」もすべて「みん」になっているのです。

方言調査ではこんな経験もしました。あるとき、宿のおばさんが電話する声が聞こえたのです。

(2)おっがこっかっくっよー　…　だっがすっこっなすこっきがぬけちょっとー　…

おっもてってこってあまっかっねー　…

見事なまでの「っ」のオンパレード！　でも、電話の内容は何ひとつ理解できませんでした。ずいぶんあとでわかったのですが、これは、「私がこれから行くよ…誰がすることなすこと間が抜けているの…私ももてあますからね」という意味でした。こんなに「っ」を登場させるまでもなく、「かっ」だけでも意味がわからなくなります。

(3)かっの　かっの　かっどば　かっもんば　かっくれれー

これは、「柿の垣の根元を刈るものを貸してくれ」という意味です。五島市では、「かっ」が「柿」を表したり、「垣」を表したり、また、「刈る」や「書く」や「勝つ」や「貸す」という動詞を表したりするのです。「それじゃあ話が通じないのでは？」とご心配の方もいらっしゃるかもしれませんが、そこはちゃんと通じるのです。なぜなら、何でもかんでも「っ」や「ん」になるわけではなく、「っ」や「ん」には一定のルールがあるからです。このルールを探るために、そのほかに「ん」や「っ」になる語を挙げてみましょう。

(4)a　「ん」になる語…かん（鍵）、かん（紙）、かん（嚙む）、おん（鬼）、いん（犬）、すん（筋）、くん（肩）

b　「っ」になる語…あっ（秋）、あっ（灰汁）、くっ（口）、くっ（靴）、くっ（来る）、まっ（松）、まっ（町）、まっ（巻く）、まっ（幕）

「ん」になるのは「ぎ、み、む、に、ぬ、じ、ず」、つまり、ガ行・マ行・ナ行・ザ行の音、「っ」になるのは「き、く、ち、つ、る、す」、つまり、カ行・タ行・ラ行・サ行の音だとわかります。

今度はちょっと見方を変えて、五十音の段に注目してみましょう。そうすると、「ん」や「っ」になる音はみな、イ段かウ段の音であることがわかります。

(5)ａ「ん」になる音…イ段＝ぎ、み、に、じ　　ウ段＝む、ぬ、ず
　ｂ「っ」になる音…イ段＝き、ち　　ウ段＝く、つ、る、す

この二つをまとめると、

(6)ａ「ん」になる音…ガ行・マ行・ナ行・ザ行のイ段・ウ段の音
　ｂ「っ」になる音…カ行・タ行・ラ行・サ行のイ段・ウ段の音

ということになります。このルールを頭に入れておけば、鬼に金棒です。「ん」や「っ」ばかりの文でも、ちゃんと理解することができるのです。では、次の二つの文の意味がわかりますか。

(7)まっに　あっの　くっ
(8)かんの　ごんば　いんの　かん

正解は、(7)が「町に秋が来る」、(8)が「紙のゴミを犬が噛む」です。では、次はいかがですか。

(9)てがんば　かっきた
(10)ふねば　こんきた

(9)の「てがん」が「手紙」のことだというのは、すぐにわかりますね。ルール(6)ａの「み↓ん」の変化です。では、「かっきた」の「っ」は何でしょう。「手紙」の次にくることばですから、「書く」が予想されますが、「かききた」ですか、「かくきた」ですか。なんだか変ですね。(10)は

どうでしょう。「ふねば」は「船を」ですから、次には「漕ぐ」が予想されますが、「こぎきた」ですか。「こぐきた」ですか。これも変です。じつは、これらは、

⑾かいて＋きた　→　かっきた（書いてきた）
⑿こいで＋きた　→　こんきた（漕いできた）

という変化で、「て」「で」が「っ」「ん」になっているのです（複雑になるので、「かいて」「こいで」の「い」については説明を省略します。ここでは無視してください）。動詞に「〜て」や「〜で」が続くときには、先の⑹のルールとは異なり、「〜て」が「っ」に、「〜で」が「ん」に変化するのです。

⒀a　〜て↓っ
　b　〜で↓ん

これによると、「出てきた」は、「でっきた」、「読んできた」は「よんきた」となります。
ところが、またまた困った例が出てきました。「取ってきた」「釣ってきた」はルール通りだと、

⒁とって＋きた　→　とっきた（取ってきた）
⒂つって＋きた　→　つっきた（釣ってきた）

となるはずですが、五島市では、「とってきた」「つってきた」としか言わないのです。同じく、

「切ってきた」「売ってきた」も「きっきた」「うっきた」ではなく、「きってきた」「うってきた」です。なぜかと考えてみるに、ここに出てきている動詞、「取る」「釣る」「切る」「売る」はみな、ラ行五段活用動詞です。このような種類の動詞は、⒀のルールの適用を受けないのです。五島市方言をうまく使いこなすには、ルール⒀を覚えると同時に、どのような語がルール⒀の適用を受け、どのような語が受けないのかを知る必要があります。

⒃ a　ルール⒀を受ける語　　…ラ行五段活用動詞以外の動詞
　 b　ルール⒀を受けない語　…ラ行五段活用動詞

⒃については、九州西南部の地域によって違いがあります。そのため、同じ「見てきた」でも、「みっきた」と言う地域と「みてきた」と言う地域があります。「ん」や「っ」はなかなか一筋縄ではいきません。

（有元光彦）

これが九州方言の底力！

九州西南部の方言では、「右」も「耳」も「水」も「みん」、「柿」も「書く」も「勝つ」も「かっ」ですが、これで十分、意味が通じます。その背後には、しっかりした音変化のルールがあるからです。このルールはその地域によって違いがあり、ここから方言の多様性が生み出されます。

かろのうろん屋

ユニークな博多方言の発音

「あたきだちはじごろうれすけん、かろのうろん屋れすたい。おかしゅうござっしょ。」

この意味、わかりますか？　共通語では、「私たちは地場生まれですから『角のうどん屋』を『かろのうろんや』となまって発音します。おかしいでしょう。」となります。生粋の博多っ子が、お国ことばのなまりについて得意げに言うせりふとして、決まった言い回しです。

博多方言の発音の特徴の一つとして、共通語のダ行音がラ行音になります。角が「かろ」、うどんが「うろん」というわけです。

この「かろのうろん屋」という言い回しは、明治時代にお座敷ではやった「わしが国さ」の替え歌の一節、「かろのうろん屋のかろに、わくろうが三匹ふくろうろったげな」が発生源とみられます。この意味を説明すると、「かろ」はかど（門口）、「わくろう」は「わくどう（ひきがえる）」、「ふくろうろった」は「ふくろむ（はいつくばう）」に進行を表す「どった」が付き、ラ行音化したもの。よって、全体は、「街角のうどん屋の門口にがまがえるが三匹はいつくばっていたそうな」となります。

博多方言の特徴と、それに対する愛着を見事に表現しています。

（杉村孝夫）

13 パライゾの寺にぞ参ろうやなあ

九州方言としての「キリシタン」

「あの集落は全部キリシタン、こっちは全部仏教。」「あの人はキリシタンたい。」

長崎県の離島や沿岸地域では今日でもこのような会話を耳にします。「キリシタン」と聞けば、「キリシタン大名」や「キリシタン禁制」など、歴史の教科書を思い出す方も多いことでしょう。

我が国におけるキリスト教の歴史は、一五四九年、フランシスコ＝ザビエルの鹿児島上陸に始まります。そしてこれ以降、キリスト教の布教と受容に伴って多くのラテン語やポルトガル語が輸入されていきました。

「キリシタン」は、ポルトガル語「Christão《クリスタウン》」（キリスト教信者）が日本語化したものです。十六世紀中頃以降、広く受け入れられ、使用されてきました。ところが、一八五三年の黒船来港を機に英語が輸入され始め、「キリシタン」は次第に英語「Christian《クリスチャン》」（〃）を日本語化した「クリスチャン」に取って代わられていったのです。しかし現在でも、長崎県の五島列島や平戸・生《いき》月《つき》地方、熊本県の天草地方などでは、カトリック信者のことを「キリシタン」と呼ぶ言い方（方言）が残っています。また、この地域には江戸時代に〝隠れキリシタン〟が存在していましたが、その子孫たちは今も当時の独特の信仰形態を守り続けており、彼らは今日もなお自分たちの宗教や自分たち自身のことを「カクレキリシタン」と呼んでいます。
「バテレン」も「キリシタン」と同じく、ポルトガル語が日本語化したもので、現在も使われている九州方言の一つです。長崎市出身の若い女性が、「小さい頃、いたずらをしていると、祖母に『バテレンのごとしてから！』（いたずらばかりして！）と怒られていた。」と話しているのを聞いたことがあります。「バテレン」の語源は、「宣教師」や「神父」を意味するポルトガル語「pa dre《パアドゥレ》」ですが、「バテレン」という形で日本語化された後、「宣教師」や「神父」など原語の持っていた意味に加え、「外国人」、「お転婆な女の子」、「変な人」などの意味を持つ方言として使用されるようになりました。

　ではなぜ「バテレン」が「お転婆な女の子」や「変な人」などの意味で使われるようになったのでしょうか。その背景には、近世期における政府のキリスト教禁教政策があると考えられます。人々は政府に禁止されたキリスト教を邪教とみなし、宣教師や信者を批判し、差別したのです。その結果「バテレン」が差別や批判の対象を表す一般名詞となったのでしょう。（新潟県の佐渡では「放蕩者」「道楽者」のことを「バテレン」と言っていたという記録があります。）

　また、「バテレン」が「外国人」という意味で使われるようになった経緯については、例えば次のような推論が成り立ちます。今でこそ日本人宣教師はどこにでもいる存在となっていますが、キリシタン禁制の高札が撤廃されキリスト教信仰がようやく認められた明治初期には、宣教師のほとんどが外国人でした（中世末期から江戸初期も同様の状況）。つまり、「バテレン」と呼ばれた宣教師たちは、ほとんどみな外国人だったのです（平戸や天草地方には「外国人宣教師のことを「パーテル様」と呼んでいた」と話す人がいました。「パーテル」はpadre《パァドゥレ》が「バテレン」とは異なる形で日本語化したもの）。ですから、外国人宣教師のことを「バテレン」と呼んでいるうちに、しだいに「宣教師」の意味が薄れていき、「外国人」の意味だけが残ったのではないでしょうか。

　このほかにも、長崎県や熊本県の天草地方では、「コンピサン」「コンタツ」「オラッショ」などといった方言も使われてきました。それぞれ「confissão《コンフィッサウン》」（司祭に自分の罪を述べて神のゆるしを求めること・ポルトガル語）、「contas《コンタス》」（カトリック信者が祈りの際に用いる数珠・ポルトガル語）、「oratio《オラツィオ》」（祈祷すること、祈祷文・ラテン語）が日本語化したものです。どれも日本人が発音しやすいように原語から音が変化しています。また、「contas《コンタス》」については「コンタス」「コンタク」、「oratio《オラツィオ》」には「オラショ」「ウラッシャ」などのバリエーションもあります。

　ザビエルを初めとしてキリスト教宣教師たちは、キリスト教の本質にかかわる重要なことばについてはラテン語またはポルトガル語のまま布教を行いました。その結果、当時の日本人は、ラテン語、ポルトガル語の音を耳で写したことばを用いるようになり、やがてそれが日本語化し、現在にまで伝えられているのです。

　もちろん、今日の「カクレキリシタン」たちは、世間から隠れて密かに生活をしているわけではありません。しかし、いまも先祖が伝えてきた潜伏形態の信仰を守り続け、独特のことばと文化を継承しています。現在、その数は三〇〇〇人程度といわれています。

あー　参ろうやな　参ろうやなあ
パライゾの寺にぞ参ろうやなあ
パライゾの寺とは申するやなあ
広いな寺とは申するやなあ
広いな狭いは　わが胸にあるぞやなあ

上に掲げたのは、長崎県の西北端、平戸市生月町山田集落に住むカクレキリシタンが歌うオラショ「だんじく様」の歌詞の一部です。「パライゾ」はポルトガル語「paraiso《パライソ》」（天国）が日本語化されたものです。

カクレキリシタンたちは、このような歌を歌いながら、厳しい迫害や弾圧に耐え、先祖が代々伝えた信仰、祈り、ことばを守り続けているのです。

（小川俊輔）

これが九州方言の底力！

九州で今も方言として使われている「キリシタン」や「バテレン」は、ポルトガル語やラテン語が日本語化したものです。これらの方言は、江戸幕府のキリスト教禁教政策やキリシタン弾圧の歴史を如実に物語っています。九州方言には「ことばは歴史を背負っている」ということを確かに実感させる力があります。

14 映画館でドラえもんがあっている

「今月までドラえもんの映画があってるって。みんなで見に行かんね？」

と気になる女の子から言われた転校生のケンくん。うれしいものの、思わず「映画があってるなんていう言い方するんだね。」と、正直な感想をもらして、むすっとされてしまいました。

この「あっている」は、「上映されている」の意味です。ほかにも、「隣の小学校で運動会があっている」「あの部屋で会議があっている」など、九州では、運動会や会議、映画のようなイベントが開催中であるという意味で「あっている」と言うのです。しかも、使っている当人たちは、これを共通語と思っていることが多いようです。

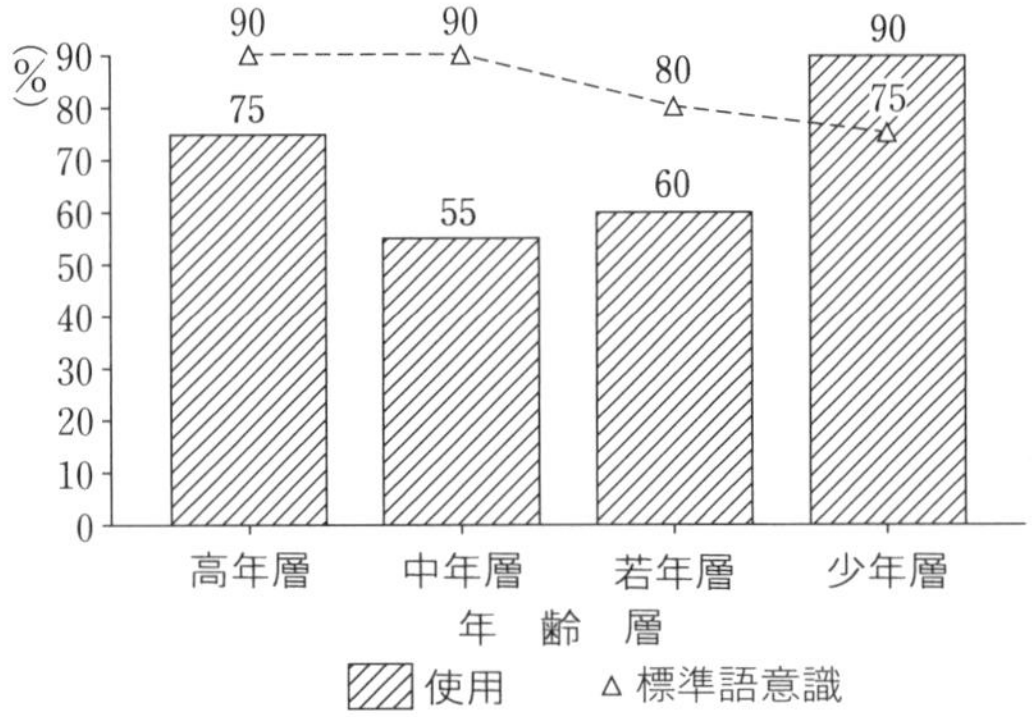

図　アッテイルの使用と意識

陣内正敏『北部九州における方言新語研究』(1996 年、九州大学出版会) P.28 より右ページの図は、福岡・北九州での「あっている」の使用状況と「あっている」を「共通語と思うか、方言と思うか」を調べた結果です（一九九三年調査）。これを見ると、世代を問わず、多くの人々が「あっている」を使用しています。特に、若い人で「あっている」の使用が高く、「あっている」を共通語だと思っている人が多いことがわかります。このように、方言と意識せずに、共通語と思い込んで使用している方言を、「気づかない方言」と呼んでいます。

では、気づかない方言「あっている」は、どのようにして生まれたのでしょうか。じつは、「あっている」が生まれる一つ前の段階に、九州方言の「ありよる」があります。最初に挙げた表現は、もともとの九州方言では、「運動会がありよる」「会議がありよる」「ドラえもんの映画がありよる」と言います。「よる」は、動作や変化が進行中であることを表します（17参照）。この「よる」を「イベントなどが開催される」という意味の「ある」にくっつけて、「開催中」という意味を表したのが、「ありよる」です。

「ある」ということばは、共通語では普通、「石がある」「木がある」のように、「ものが存在する」という意味を表します（言うまでもなく、犬や猫、人などは「いる」で表します）が、このほかに、「明日は試験がある」「事故があった」のように、「行われる」という意味も表します。ただし、共通語ではこのような「ある」に「ている」が付くことはありません。ところが、九州方言では、ほとんどの動詞に進行を表す「よる」が付きますから、「ある」＋「よる」から「ありよる」が生まれ、「イベントなどが開催中である」という意味を表すことになります。この「ありよる」の「よる」の部分を共通語に直訳したのが、「あっている」なのです。

「気づかない方言」はほかにもあります。例えば、

だいぶ涼しゅうなったけん、もう扇風機ば、なおそうか（福岡市方言）

の「なおす」もそのひとつです。これは扇風機が壊れたので修理をするという意味ではなく、「だいぶ涼しくなったから、扇風機をしまおうか」という意味です。このような「なおす」は九州だけでなく、西日本でも広く使われていますが、これも、共通語と語形が同じであるため、方言だと気づかない人が多いようです。

「靴を踏む」も「気づかない方言」です。「靴を踏む」は靴のかかとを踏みつける意味ではなく、「靴をはく」という意味です。もともと、履き物といえば下駄や草履でしたから、これなら「踏む」でよかったわけですが、下駄や草履が靴に替わった後にも、九州では、「踏む」という動詞だけはそのまま残ったのです。

「気づかない方言」は動詞だけではありません。鹿児島には「暑いでした」「楽しいでした」という形容詞の丁寧表現があります。くだけた場面よりもかしこまった場面で使われ、文章にも「昨日は本当に楽しいでした」と書かれることがあります。このような言い方が生まれた背景には、鹿児島の伝統的な言い方の「暑うごあす」が関係しています。伝統的な鹿児島方言では、「暑い」「楽しい」を丁寧に言うときは、次に挙げるように、「ごあす」を活用させて、いろいろ

な表現を作っていました。

	〈終止〉	〈過去〉	〈推量〉
暑い	あつごあす	あつごあした	あつごあんそ
楽しい	たのしゅごあす	たのしゅごあした	たのしゅごあんそ

この「ごあす」を「です」に変えて活用させたのが、「暑いでした」「楽しいでした」なのです。

暑い	あついです	あついでした	あついでしょう
楽しい	たのしいです	たのしいでした	たのしいでしょう

共通語の「暑いです、暑かったです、暑いでしょう」と比べて、統一がとれていると思いませんか。

（二階堂　整）

これが九州方言の底力！

「あっている」「なおす」「踏む」「暑いでした」などは、多くの人が共通語と思い込んで使用している「気づかない方言」です。共通語とは単語の組み合わせや意味が多少違っていますが、共通語にない機能や独特の味わいがあって、生き生きと使われています。

(1) 大分方言として正しくないものはどれか。

ア ちょっとあっきー 行ちみちきちくりー。

イ 行っちらっしゃい！

ウ 気をつけち行ちきないえ。

(2) 「みごみご」はどんな様子を表す擬態語か。

ア ふてくされていじけている様子。

イ 空腹でたまらない様子。

ウ 肌がきれいに洗ってある様子。

(3) 「靴を履く」ことを、九州方言でどのように言うか。

ア 靴を跨ぐ　イ 靴を蹴る

ウ 靴を踏む　エ 靴を取る

(4) 宮崎の若者が、「～じゃない？」と同意や確認を求めるときの表現はどれか。

ア じゃねー　イ こっせん

ウ ばってん　エ ばい

(5) 長崎方言「パライゾ」の意味を答えなさい。

ア 宣教師　イ 祈祷

ウ 天国　エ 神様

九州方言力検定 1

(6) 「おろ寒うなりました」はどんな意味か。

ア だいぶ寒くなりました。

イ 寒さがやわらいできました。

ウ ガタガタ震えるほど寒いですね。

(7) 「だれかおっかーい？」という呼びかけに「なーい」と答えるのはどこの人か。

ア 鹿児島　イ 熊本　ウ 宮崎　エ 佐賀

(8) 幼児語「じーじ」はどんな意味か。

ア 魚　イ お米　ウ 祖父　エ かえる

(9) 「先生の家にヨーヨイヨイヨイヨ。」傍線部はどんな意味か。

ア 酔っぱらいがいるよ。

イ よく寄っているよ。

ウ ようやくたどり着いたよ。

(10) 長崎県五島市方言、「かんのごんばいんのかん」はどんな意味か。

ア 神の言葉を石に書く。

イ 紙のゴミを犬が噛む。

ウ 髪のゴムを持って行くのか。

→こたえは186頁

その二 これが定番！九州方言

「〜ば」「〜ばい」は、九州方言の定番中の定番。（→18、25）

この章の内容から

「金魚が死によー」ってどんな状態？→17

「犯人はこの男ばい」「犯人はこの男たい」独り言はどっち？→18

「ヨダキーズム」ってどんな主義？→19

15 起きてるのに起きたか？

九州方言のあいさついろいろ

鹿児島では、朝のあいさつことばとして「おつかれさま」がよく使われます。他所から鹿児島に来た人は、朝、地元の人からこのことばを発せられると、違和感を覚えることが多いと思いますが、鹿児島では朝夕に関係なく、このことばをあいさつに用います。これは共通語の「こんにちは」が日中だけではなく、朝のあいさつに使われることがあるのと同じです。そういえば、芸能界などの業界用語で、昼や夜でも「おはよう」とあいさつするのに似ているといえそうです。

鹿児島ではこのあいさつことばを誤用だと思っている人は少なく、むしろ共通語と意識している人のほうが多いようです。ただ、朝のあいさつとしては「おつかれさま」とは言えても「おつかれさまでした」とは言えません。鹿児島には伝統方言で「おやっとさー」という表現があり、これが共通語の「おつかれさま・おつかれさまでした」にあたるのですが、これも朝のあいさつことばとしては使われません。このようなことからも「おつかれさま」は、共通語の「おつかれさま・おつかれさまでした」とは意味が異なっていることがわかります。「おつかれさま」が鹿児島で根づいたのはそれほど昔のことではありませんが、これも方言だとみなすことができるでしょう。

鹿児島では、このほかに、朝のあいさつことばとして、「起きたか」という表現を用います。これは大分、佐賀、熊本などでも使われます。「おつかれさま」とは異なり、古くから使われてきた伝統的な方言の一つであり、次の各地の例から、定型化したあいさつことばであるということができます。

おきたがお（鹿児島県鹿島市）
もー　おきゃったなお（鹿児島県肝属郡）
おきたかな（大分県由布市）
おきたやー（佐賀県）
おきあがったけー（熊本県天草郡）

起きていることがわかっているのに「起きたか」というのは少々不思議な気もしますが、九州以外でも長野県をはじめ、伊豆の島々、能登、隠岐など、日本の周辺各地で用いられていることから、朝のあいさつとして「おはよう」よりもずっと古い表現であるといえそうです。

そのほか、九州各地には、朝が早いことを互いに確認し、たたえあう表現もあります。「はやかのー」（福岡県筑後地方）、「はえなー、はえのー」（宮崎県全域）、「はえーのー」（大分県大分郡）、「はよなー」（佐賀県東松浦郡）などで、これらに類似した方言が西日本を中心に各地でも用いられていることから、「おはよう（ございます）」の誕生に深く関わったものと考えられます。

共通語「おはよう」は「お早く」のウ音便形であり、「こうた（買った）」「暑うなる（暑くなる）」などと同じように、もともとは西日本で生まれたことばだったのです。これが東京に伝わり、東京からさらに全国に広がって、朝のあいさつことばとなりました。朝のあいさつことばがたどってきた歴史を、九州方言のさまざまなあいさつことばにみることができるといえるでしょう。

日中、知り合いの人と出会ったときのあいさつは、そのときどきの状況に応じて変わります。「よか　ひよりなあー（良い日和だねえ）」（熊本県熊本市）のように天候を話題にしたり、「きばりよんな（がんばっているね）」（長崎県北松浦郡）、「がまだしよるなー（精が出るねえ）」（熊本県熊本市）などのように労働をねぎらったり、「どけ　おじゃいもすか（どこへいらっしゃるのですか？）」（鹿児島県鹿児島市）、「どきー　いきなったかー（どこへ行ってらっしゃったの？）」（宮崎県日南市）などのように行き先（行った先）を尋ねるなど、多種多様です。これら以外にも、「きゅわ　まだじゃいもした（今日はまだでしたね＝はじめてお会いしますね）」（鹿児島県指宿市）といったあいさつが行われます。

出会ったときにそっと交わすひと言に過ぎませんが、共通語「こんにちは」には感じられない暖かみが、各地の独特の表現からじかに伝わってきます。

日中のあいさつ表現は、いずれも朝のあいさつとしても使えるものであり、冒頭の「おつかれさま」と同じく、九州では「朝」「日中」といった明確な区別がないものが多いようです。これもまた、日本語の古い姿をとどめているものといえるかもしれません。

夜分に出会ったときのあいさつは、「もう仕事が終わりましたか？」という意味で「おしまいかな」（大分県佐伯市）、「しもたかー」（宮崎県児湯郡）、「おしまいました」（長崎県壱岐郡）などが使われています。仕事を終えたかどうかを問う形式から、ねぎらいのあいさつことばとして九州各地で息づいている表現が多いようです。

九州の感謝のあいさつはバラエティーにとんでいます。「たいへん（大いに）ありがとうございます」「いろいろありがとうございます」が省略されて、さまざまな表現が各地で用いられます。「たいへん（大いに）」の部分が「おーきに」となって、福岡、大分、佐賀、長崎、宮崎などで聞かれるほか、「だんだん」という言い方が福岡、大分、熊本、宮崎などで使われています。「だんだん」は「あれこれ」や「いろいろ」の意味で用いられる方言です。「だんだんありがとう」の「ありがとう」の部分が省略されて「だんだん」だけでお礼のことばとして定型化していったものと思われます。「おーきに」の場合と同じです。ほかにも九州には「重ね重ねありがとうございます」というときの、「重ね重ね」という意味の「重畳」に由来する「ちょーじょー」という感謝表現が熊本で使われたり、「これはこれはありがとうございました」の「これはこれは」がさらに省略された「これわ」という言い方が佐賀、宮崎や熊本で使われたりしています。

じつは、共通語の「ありがとう」も「いろいろとお世話になってありがとう」などのようなお礼のことばが省略されて成立したものです。九州方言が「ありがとう」の部分を省略したのに対して、共通語は「ありがとう」のほうを残してほかの部分を省略したということができるでしょう。この点で、感謝のことばが成立する過程で共通語と同じ「省略」という方法をとりながらも、九州方言は共通語とは違った独自の道を歩んできたといえます。

九州各地の朝夕のあいさつことばや感謝のことばは、地元では円滑な人間関係を維持していくためにたいへん重要な意味を持っています。同時に、それぞれ地元ならではの響きがぬくもりを伝えます。地元を長く離れていた人も、九州に久しぶりに戻ってこれらのことばに接したとき、「ああ、ふるさとに戻ったなあ」という思いをいっそう強くすることでしょう。

昔から使われてきた九州各地のあいさつことばを、これからも大切にしていきたいものです。

（岸江信介）

これが九州方言の底力！

あいさつことばの多くは、省略された形式が徐々に定型化して成立しました。九州各地のあいさつことばをよく観察してみると、共通語とは異なる歴史的な変化の軌跡をたどれるだけではなく、日本語のあいさつことばが成立した背景までも、解き明かすことができそうです。

せごどん

親しみを込めた呼び名

　鹿児島で、西郷隆盛が「せごどん」と呼ばれていることは全国的に有名です。「さいごう」が「せご」で、「どん」は共通語の「さん」にあたることばです。「殿」が変化したもので、鹿児島だけでなく宮崎、熊本などの南九州で使われます。

　「どん」は、「せごどん」「大久保どん」のように、苗字や名前に付けて用いるほか、「医者どん」「大工《でっ》どん」「親父《おやっ》どん」「婿《むこ》どん」のような職業名や親族名称に付けたり、「どんこ（蛙）どん」「猿《さい》どん」のような動物名に付けたりします。共通語で「お医者さん」「大工さん」「親父さん」「婿さん」「お猿さん」と言うのと同じで、尊敬というよりも親しみを込めた呼び方です。「がらっぱどん（河童）」「めんどん（お化け）」「としどん（年末にやってきて子どもたちを脅す甑島《こしきじま》のお化け）」もやはり、怖さのなかに親しみを込めた呼び方です。

　南九州には「どん」の他に「さー」があります。これは「様」に由来する語で、「吉之助《きつのすけ》さー」「おきゃっさー（お客様）」「おまんさー（おまえ様）」のように人に用いられるほか、「ほとけさー（仏様）」、「たのかんさー（田の神様）」のように神仏に用いられます。「どん」よりも敬意が高くなりますが、やはり親しみの意味が含まれています。

（岸江信介）

16 「ばってん」は but and ?

九州方言の逆接接続詞

「デパートに行ったけれど、定休日で閉まっていた」の「行ったけれど」の部分を、九州では、地域によって次のような違った言い方をします。

行ったばってん（ばってて）……福岡県西部・南部、佐賀県、長崎県、熊本県、大分県西部
行ったけんど（けんどん）……福岡県東部、大分県中部・東部、宮崎県中部・北部
行ったんどん（いどん）……佐賀県・長崎県の一部、宮崎県西部、鹿児島県

「デパートに行った。けれど、定休日で閉まっていた」の「けれど」の言い方にも、右の「ばってん（ばってて）」と「けんど（けんどん）」が用いられます。

これらのうち、「けんど（けんどん）」は、共通語の「けれど（けれども）」と同じ語源のことばです。また、「んどん（いどん）」は、文語（古典で使われることば）の逆接の接続助詞「ども」が付いた「行ったれども」が変化してできたことばです。

これらに対して、「ばってん（ばってて）」は、「長崎ばってん江戸べらぼう」ということばがあるように、九州方言を代表することばとして、広く知られていますが、その由来は、完全には明

確になっていません。

テレビなどで、英語由来説、つまりbut andまたはbut thenが「ばってん」の語源だと話題になることもあります。これは、その発音と意味の類似性から、なかなか良くできた説とはいえますが、その可能性はほとんどないでしょう。そもそもbut and, but thenという英語の単語連続が普通ではありませんし、何より、「けれども」を意味する接続助詞に限って、英語を輸入する理由が説明できません。外来語として定着した英語の語彙はたくさんありますが、名詞（「コーヒー」「テレビ」など）や動詞・形容詞（「プレイ」「フリー」など）といった自立語ばかりであって、but, and, thenのような接続に関することばは、外来語として使われることはないのです。

そこで、あらためて「ばってん（ばって）」の由来について考えてみると、和語の古い表現のなかに、「ばってん（ばって）」に近いことばがあることに気がつきます。「ばとて」という接続表現です。例えば、江戸時代初期に出版された『平家物語』巻八のなかに、

たとひ世末になつて候へばとて、木曾なんどに語らはれて、いかでか都へ上らせ給ふべき。
（たとえ世の末となったとしても、木曾などに説得されて、どうして都へお上りなされることがあろうか）

という例があります。この「ばとて」は、動詞や助動詞の已然形から続く接続助詞「ば」に「とて」が付いて、「〜する（した）としても」「〜する（した）からといって」という逆接の意味を

表す用法です。この言い方が変化したのが「ばって」で、さらに強調の「も」が付いた「ばとても」が変化したのが「ばってん」ではないかと考えられます。接続の仕方も、活用する語の已然形から終止形・連体形への接続に変化し、さらに名詞などの体言にも付くようになったと考えられます。

「ばってん（ばって）」が、「ばとて」から来ているのではないかという説は、じつは江戸時代の終わりにすでに提出されています。それは、山崎美成という人の随筆『世事百談』という本のなかの、方言について触れたところに出ているもので、

筑紫がたにては詞の末にばつてんをそへていふことあり。〈中略〉ばとてといふ詞の国なまりにてばつてんとなるなり。

（九州の方ではことばの最後にばってんを付け加えることがある。〈中略〉ばとてということばが方言になまってばってんとなるのである）

という記述が見られます。

ところで、「ばってん（ばって）」は、九州以外では用いられないと思っている人が多いのではないでしょうか。じつは遠く離れた東北地方でも、「この本は高いばって、買って帰ろう」のように、同じ語形と意味で用いられています。

南部九州を中心に用いられている逆接表現に、「んどん（いどん）」というものがありますが、

これも東北地方に、「いい人だども、肝っ玉が小さい」という表現があり、古語の「ども」の形のままで使われています。東九州で用いられる「けんど（けんどん）」も、前に述べたように、共通語や東日本・西日本で一般的に用いられる形の「けれど（けれども・けど）」と同源です（「けれども」の語形は「ども」を含む表現から派生したもので、室町時代から使われるようになったものです）。したがって、九州各地で使われている逆接を表す接続助詞は、もとから九州独自の言い方であったものは無いということになります。いずれも、京都を中心とする中央で使われていた逆接を表す表現（「～ばとて」「～ども」）が、各地に広がり、九州と東北という遠く離れた地域にその名残をとどめていると考えられます（→方言周圏論、35頁参照）。

「ばってん」は、長崎を舞台としたドラマや歌詞など、さまざまな場面で使われる、九州方言のなかでもとても有名なものですが、その由来を考えると、古典作品に残る古い日本語表現にたどり着きます。

（坂口　至）

これが九州方言の底力！

「ばってん」は長崎方言を代表する表現で、逆接の接続を表します。九州にはそのほかにも、「んどん（いどん）」「けんど（けんどん）」などがありますが、いずれも、古い日本語の形の名残をとどめている表現で、東北地方にもよく似た言い方を見つけることができます。

17 どこ行きよーと？ 映画見に行きよーと

動作・変化の進行／動作・変化の終了

福岡市での会話です。道を歩いていると、向こうから友達がやってきます。「どこ行きよーと？」とたずねると、「映画見に行きよーと」という答えが返ってきました。この「よー」は動作が進行中であることを表します。共通語の「ている」にあたる語で、次のような「よー」は「ている」に置き換えてもまったく違和感がありません。

花子はいま　ごはん食べよー（花子は今、ごはんを食べている）

三郎は本ば読みよー（三郎は本を読んでいる）

ところが、冒頭の「よー」を「ている」に置き換えて、「どこへ行っているの？」「映画を見に行っているの」とすると、かなり違和感があります。「どこへ行くの？」「映画を見に行くの」が普通の言い方でしょう。なぜ、このような違いが生まれるのでしょうか。

まず、「動作の進行中」というのは、その動作を観察して初めて成り立つ表現です。「食べる」や「読む」は動作が観察しやすい動詞です。共通語ではこのような動詞に「ている」を付けて、動作の進行中を表します。それに対し、「死ぬ」や「終わる」は動作を観察することが難しい動詞です。というより、これらが表すのは動作ではなく変化です。共通語では、このようなものに「ている」を付けても、動作の進行中の意味にはなりません。「死んでいる」「終わっている」は、死んでしまった後の状態、終わってしまった後の状態です。では、問題の「行く」がどちらに入るかというと、共通語では「死ぬ」「終わる」の仲間に入ります。したがって、「行っている」は動作の進行中ではなく、行ってしまった後の、ここにはいない状態を表すことになり、先の場面では「行っている」が使えないのです。

　以上は共通語のシステムですが、九州方言のシステムは、これとはだいぶ違っています。すなわち、九州方言の「よー」（地域によって「よる」などのバリエーションがあります）は、「食べる」「読む」はもちろん、「死ぬ」「終わる」に付いたときにも進行中を表すのです。例えば、「食べよー」「読みよー」は「食べる」「読む」という動作の進行中、「死によー」「終わりよー」は「死ぬ」「終わる」という変化の進行中を表します。「行きよー」は、「行く」という動作の進行中を表しますから、共通語の「行っている」とは大きく意味がずれていることになります。

	九州方言	共通語
動作の進行中	食べよー	食べている
変化の進行中	死によー	
変化の終了後	A	死んでいる

　ところで、共通語の「死んでいる」に対応する九州方言、つまり、表のAに入る九州方言は何なのでしょうか。それは「死んどー」です。「とー・どー」（地域によって「とる・どる、ちょる・じょる」などのバリエーションがあります）は「よー」のペアになる語で、「よー」がいろいろな動詞に

付いて動作や変化の進行中であることを表すのに対し、「とー・どー」は動作や変化の終了後の状態を表します。例えば、

金魚が死んどー（金魚が死んでいる）

試験はもう終わっとーよ（試験はもう終わっているよ）

お父さんは東京に行っとー（お父さんは東京へ行っている）

は変化を表す動詞に付いた例で、共通語の「ている」と置き換えが可能なものです。また、次の例は、「とー・どー」が動作を表す動詞に付いて、動作が終了した後の状態を表すものです。

あ、ぜんぶ食べとー（あ、全部食べてしまっている）

その本ならもう読んどー（その本ならもう読んでしまっている）

右の共通語訳は「〜てしまっている」としましたが、「全部食べている」「もう読んでいる」、または「全部食べた」「もう読んだ」と訳すことも可能です。しかし、ニュアンスとしては、「〜してしまっている」がいちばん近い表現です。

以上をまとめると、次のようになります。九州方言には進行中を表す「よー」と終了後の状態を表す「とー・どー」の二つの語があり、この二つがほとんどすべての動詞に付いて、「食べよー」（動作の進行中）、「死によー」（変化の進行中）、「食べとー」（動作の終了後）、「死んどー」

（変化の終了後）といった四種類の意味を表現します。これに対し、共通語では、「ている」の一語が進行と終了の両方を表し、「食べている」（動作の進行中）と「死んでいる」（変化の終了後）の二種類の意味を表します。つまり、九州方言のほうが表現できる意味の幅が広いというわけです。

	九州方言	共通語
動作の進行中	食べよー	食べている
変化の進行中	死によー	
動作の終了後	食べとー	（食べてしまっている）
変化の終了後	死んどー	死んでいる

「よー」「とー」の語源は、存在を表す「おる」です。「食べよー」は「食べおる」が変化したもの、「食べとー」は「食べておる」が変化したもので、もともと「食べる状態でそこにおる」「食べた状態でそこにおる」の意味です。「食べよー」や「食べとー」の意味もここから生まれているのです。なお、「よー」と「とー」で進行中と終了後を区別する方言は、九州だけでなく、兵庫以西に広く分布しています。

（木部暢子）

これが九州方言の底力！

九州方言では「よー」が動作・変化の進行中を、「とー」が動作・変化の終了後を表します。共通語では十分に表現できない事柄も、「終わりよー」（終わるという変化の進行中）、「食べとー」（食べるという動作の終了後）のように表現でき、この点ですぐれものということができます。

18 ああ、そうタイ！ うん、そうバイ!!

「ばい」と「たい」はどう違う？

弟が居間でテレビを観ています。覗いてみると、先週放送された推理ドラマの再放送です。みどりさんは先週、そのドラマを見て犯人を知っているので、弟に教えたくてしかたがありません。このようなとき（これを「場面１」とします）、共通語では、

(1)犯人はこの男だよ

と言います。今度は、別の場面、みどりさんも弟もこのドラマを観るのは初めてという場面を想像してみましょう。勘の鋭いみどりさんは、ストーリーの展開からこの男が犯人に間違いないと推理しました。それを弟に伝えるとき（これを「場面２」とします）、共通語ではやはり、

(2)犯人はこの男だよ

と言います。この二つを博多方言で言うと、次のようになります。

(3)犯人はこの男ばい　…場面１
(4)犯人はこの男たい　…場面２

つまり、共通語ではどちらも「犯人はこの男だよ」というところを、博多方言では、「犯人はこの男ばい」「犯人はこの男たい」のように異なる形で表すのです。では、博多方言の「ばい」と「たい」は、どのような基準で使い分けられているのでしょうか。

まず、場面1と場面2の違いを考えてみましょう。場面1では、みどりさんは犯人を知っていますが、弟は知りません（そうみどりさんは思っています）。それに対して場面2では、みどりさんも弟も最初は犯人を知りませんが、推理の結果、みどりさんはこの男が犯人だと気づき、間違いないと確信するようになりました。このことから、「ばい」と「たい」の違いは次のようにまとめることができます。

【ばい】

「ばい」の中心的な働きは、話し手が知っていて聞き手が知らないと思われることを「知らせる」ことです。場面1に当てはめてみると、話し手（みどりさん）は

①話し手（自分）が、ある「知識」（＝犯人はこの男である）をなんらかの手段（＝自分で推理した、あるいは、以前にその話を見たり聞いたりしている、など）で手に入れ、
②聞き手（弟）はその「知識」をまだ持っていない、と見なしており、
③その「知識」を聞き手（弟）に知らせる、教える

という①②③を合わせた態度として「ばい」を用います。このとき大切なのは、この①②③はあくまで「話し手がそのように思っている」ということで、実際に聞き手がその「知識」を持っているかどうか（犯人はこの男だと知っているかどうか）とは無関係だということです。したがって、もし聞き手（弟）が既にその「知識」を持っている（犯人はこの男だと知っている）のに「犯人はこの男ばい」と言われたとしたら、「そんなこと知ってるよ（その知識はもう持っているよ＝②は間違いだよ＝正しく「ばい」を使う場面ではないよ）」というような返事を返すことになるわけです。

【たい】

「たい」が表すのは、話し手が自分の「知識」を「真実」と見なす態度です。

①話し手が、ある「知識」を手に入れ、（＝「ばい」①と同じ。）

②その「知識」は、話し手の外の世界で「真実」「常識」として既に存在している、と認識済み

という態度として「たい」を用いるのです。さきの場面2でいうと、

①話し手（みどりさん）は推理の結果、「犯人はこの男だ」という答えに至り、

②話し手（みどりさん）の推理にかかわらず、この男が犯人だという事実は既に存在してい

たと認識した（ドラマの筋立てとして「この男が犯人だった」と気づいた）ことを示しているわけです。

このように、「たい」は、「ばい」②③のような「聞き手（弟）が知らないと思われることを知らせる」という性質を含んでいないため、「今気づいた」「思い出した」という場面で、独り言にも使われます。

(5)そうたい、明日は岩田屋は休みたい（そうだった。明日は岩田屋は休みだった）

そうすると、表題の「ああ、そうたい！ うん、そうばい!!」を使う状況も、きっと想像がつくでしょう。「ああ、そうたい！」は自分の中でピンときたときの独り言、そして、まだ気がついてない相手に視線を移して「うん、そうバイ！」。まさに真っ先に真実に辿り着いた喜びと、その真実をまだ知らない相手に教える優越感の表現なのです。

（坪内佐智世）

これが九州方言の底力！

「ばい」は相手が知らないことを教える表現、「たい」は「当たり前だ」「これは真実だ」という意味を添える表現です。話し手も聞き手も、その「知識」がどのような性質のものなのか、常に考えながら会話が交わされます。博多方言では、相手の心を考えつつ、自分の心を見せつつ、繊細なコミュニケーションが展開していくのです。

19 光源氏も「よだきい」?

大分・宮崎方言の横綱「よだきい」

「土曜日曜は遊べると思うちょったんに、こげえ宿題が出て、あ〜、よだきい!」
「雨が降るけんど、約束じゃきい、行かんといかん。よだきいこっちゃなあ」

喜怒哀楽などの感情を表現する場合、共通語にも方言にも同じような意味を表す語があるのは、同じ人間ですから、考えてみると当然のことだというべきでしょう。

しかし、個々の語のもつ具体的なニュアンスや意味あいには、それぞれ特有かつ独自の持ち味があり、必ずしも共通語と方言が一対一の対応をしていないことは、方言の話し手なら、誰しも経験していることでしょう。

冒頭に挙げた例文の場合、ごく大雑把にいえば、共通語の「億劫だ、気が重い、やる気が起きない、だるい、…」や、関西方言の「シンドイ」といった表現にほぼ相当するといえそうです。

しかし、大分・宮崎の人たちにとっては、もしそういうことばに置き換えたとしても、自分がその状況におかれたときのあの倦怠感、負担感、不満感は、十分表現し尽くしたという実感は得られそうもありません。「よだきい」と言うときのその表情には、深いため息がよく似合います。

ことに臨んだそのときの話し手の心中を忖度すると、「しなければいけない」という意識も自覚もしっかりあるのです。しかし、そう思いながら、否、そう思えばこそ、「何とかしてしないで済ますことはできないだろうか、気が進まない、ああ気が重い、いやだ、この状況から早く逃れたい」と、率直に本音を吐露しているのです。いうならば、自らの怠け心と戦う前から厭戦気分があふれているのです。考えようによっては、じつに人間的な、偽りのない素直な心情表現です。「よだきい」という方言は、大分県や宮崎県ではほぼ全域で広く使われており、また世代による差もほとんどないといっていいでしょう。それほど幅広く使用されていることばです。

方言には、年配の人たちには非常によく使われているのに、若い世代になると急速に衰えている、ということが多く、最近は特に「方言が消える、なくなる」と言われるのをしばしば耳にしますが、そんななかにあって、この「よだきい」はいわば例外的な存在だといえそうです。地元では「方言の横綱」だと意識され、日常、頻繁に使われている代表的な愛用語です。

じつは、このことばは、古く平安時代にまで遡ることができます。

古語辞典で「よだけし」を引くと、「(1)いかめしい、大げさだ、仰々しい、(2)大儀だ、ものうい、おっくうだ」という、相反するような意味が挙げてあります。漢字表記では「弥猛し」とありますから、元の(1)の意味から(2)の意味にも広がったと考えることができそうです。大分・宮崎の「よだきい」は、もちろんこのうちの(2)の意味を今に引き継いだものです。

古語辞典には、具体的な使用例として『源氏物語』での用例が挙げてありますが、今からちょうど一〇〇〇年前には当時の都でも使われていたわけで、光源氏が「よだきい（よだけし）」と言っていたかと思うと、難しいと敬遠されがちな古典が急に身近に感じられる気がします。

全国各地の主要な方言辞典や方言集などおよそ一〇〇〇点を集大成した『日本方言大辞典』によると、「よだきい」には、①大がかりだ、②大儀だ、③ものうい、④嫌いだ、⑤うるさい、⑥いやらしい、⑦汚い、⑧悪い、⑨恐ろしい、という、じつに九つもの意味が挙げてあります。

地域的には、南から順に九州の鹿児島・宮崎・大分・福岡、四国の愛媛・高知、中国地方では広島・鳥取・岡山、さらに近畿の兵庫と、西日本の非常に広い範囲に及んでいます。が、大分・宮崎のように地域も世代も問わず、かくも頻繁に使っているところは珍しいのではないかと思われます。

なお、大分には「ヨダキーズム」という、英語めかしたことばまでできていて、消極的な県民性を、自嘲的・自虐的に評する際によく引き合いに出されています。

（日高貢一郎）

これが九州方言の底力！

「よだきい」は、大分・宮崎の人たちにとっては、共通語の似たことば「億劫だ、気が進まない」などではとうてい表現できない、なくてはならない必須の感情表現語彙で、その代表選手です。

変化する佐賀の「がばい」

「がばいばあちゃん」から全国区へ

佐賀県では、程度が非常に高いことを「がばい早か（とても早い）」「がばい寒か」（とても寒い）」のように「がばい」ということばで表します。ガソリンスタンドでは「ガバ安」のような看板も見られます。

「がばい」は、島田洋七著『佐賀のがばいばあちゃん』が全国的に広く売れ、これが映画化、ドラマ化されたり、さらに県立佐賀北高校の二〇〇七年夏甲子園での優勝で「ガバイ旋風」などという表現が新聞紙面に載ったりしたことで、全国的に知られるようになりました。ところが、この過程と並行するように、「がばい」が本来の程度を表す表現とは異なる、広い用法で用いられるケースもみられるようになりました。高校野球関係の新聞記事では「がばい野球」「がばい魂」のような表現が踊りました。地元でも商業広告に「がばい耐震の家」などの表現が広まっていました。

もともと「がばい」は、直接、名詞の「野球」や「耐震」には付かず、「旋風」にあえて付けるなら、「がばいすごか旋風」と言うのが本来の用法です。「がばい」がマスコミで有名になったことをきっかけに、商業方面を中心に用法が広がるという現象が起きつつあります。方言が生きて変化しつづけているあかしです。

（藤田勝良）

20 「食べきらん・食べられん・食べれん」はどう違う？

「～できる」にもいろいろ

大分県のとある家庭。小学校一年生のトモキ君が夕飯のカレーライスを前に、お母さんに何か言っています。

「ぼく、にんじんは食べきらん。こんな高い椅子じゃ食べられんけん、もっと低くして！」

そこへ、お姉さんのアヤカちゃんが帰ってきました。

「うち、さっき友達とスパゲティー食べたけん、もー食べれんにぃ。」

「食べ」の後に「きらん、られん、れん」が続いていますね。これらを共通語にすると、すべて「食べることができない」という意味になります。このような可能表現を、共通語ではどのように言っているでしょうか。

(i) 買える／買えない　飲める／飲めない　…可能動詞形
(ii) 見られる／見られない　寝られる／寝られない　…ラレル形
(iii) 使うことができる／使うことができない　…コトガデキル形

(i)と(ii)は動詞の変化のしかたによって、どちらかの形になります。「買う」「飲む」のような五段活用動詞なら(i)、「見る」「寝る」のような一段活用動詞なら(ii)です。(iii)はどの動詞の場合でも同じように言うことができますが、やや文章語の雰囲気があります。(i)〜(iii)は言い方が違っていますが、それが表す実質的な意味の違いはほとんどないといっていいでしょう。

ところが、大分の方言では可能表現はどの言い方でも意味が同じだというわけではありません。可能、不可能の理由（根拠）によって可能表現に複数の言い方があり、それぞれに何らかの意味の違いがあるのです。それが、冒頭の会話にあらわれている、三つの言い方なのです。

大分方言だけではなく、全国の可能表現にはさまざまな言い方があります。そして、多くの地域では「能力可能」と「状況可能」という二つを区別して表現します。

例えば、宮崎方言では、次のように使い分けています。

a　私ゃ英語を知らんかり、英語ん本なよー読まん。（「よー読まん」は「え読まん」とも言う）
（自分に能力がないために、英語の本を読むことが不可能だ）

b　こかくれーかり、ここじゃ本な読まれん。
（ここは暗いので（本当は読む能力を持っているが）ここでは本を読むことが不可能だ）

aを「能力可能」、bを「状況可能」と呼びます。「可能」という意味・内容を、さらに細かく二つに分けて表現しているというわけです。そのために、共通語と比べると、短い言い方でより詳しい内容の違いを端的・的確に相手に伝えることができるのです。

大分方言の可能表現は、そのうち、ｂの「状況可能」をさらに二つに分け、動作をする人以外にもわかる「外部の状況可能」と、動作をする人以外にはちょっとわからない「動作する人の内面の状況可能」とに区別します。

冒頭の例にもどりましょう。

(1)ぼく、にんじんは食べきらん

は、「ぼくはにんじんが嫌いで、それを食べる能力がない」と言っているわけで、「能力可能」の例にあたります。

(2)こんな高い椅子じゃ食べられん

は、「椅子が高すぎて座れないから、食べることができない」と言っているわけで、「外部の状況可能」を意味しています。そして、お姉さんのアヤカちゃんの

(3)さっき友達とスパゲティー食べたけん、もー食べれん

は、「お腹がいっぱいだから、もう食べたくない、食べたいとも思わない」という意味あいで、「動作する人の内面の状況可能」の例です。話し手が自分の気持ちを元に判断して、不可能だと考えるという意味です。

つまり、大分県の方言では、次の三通りの可能表現があるというわけです。

(1)能力可能…………動詞（食べ）＋きる／きらん
(2)外部の状況可能…………動詞（食べ）＋られる／られん
(3)動作する人の内面の状況可能…動詞（食べ）＋れる／れん

ところで、九州方言のなかでも鹿児島方言では、共通語と同じように意味の下位区分（区別）がなく、例えば「読んがなっ／読んがならん（読むことができる／読むことができない）」という言い方で、すべての場合の「読むことが可能／不可能」であることを表します。

大分方言のように意味の下位区分があれば、短い言い方で深く細かい意味・内容が表せます。もう一方の鹿児島方言のように「可能／不可能」を全部まるごと、同じ表現法で言い表すことができれば、いちいち表現を選ぶ手間が省けます。どちらにもそれぞれ利点があって、各地域で、それぞれの方向に変化していったと考えられます。

（松田美香）

これが九州方言の底力！

大分方言では、「〜することができる」という可能の意味を、「能力可能」「外部の状況可能」「動作する人の内面の状況可能」の三つに区別して表現することができます。共通語では表せない細かい意味の違いをコンパクト（手短か）に表現できるのが、方言の魅力の一つです。

21 患者さんを「おまえ」呼ばわり？

九州方言の二人称代名詞

宮崎県北西部の山間部の村で聞いたエピソードです。

診療所で介護にあたっていた女性が、療養している高齢の男性をいつも「おまえ」と呼んでいました。巡回診療に訪れた町の医者がそれを聞き、

「いかに親しい間柄でも、年上の患者さんに〈おまえ〉呼ばわりは好ましくない」

と注意しました。すると、驚いたのはむしろ女性のほうです。日頃から敬意を込めて「おまえ」と言っているのに、なぜそんな注意をされるのか見当がつきません。この村での「おまえ」の意味を、町の医者に必死になって説明した、ということでした。

共通語の「おまえ」は、親しい者同士、もしくは目下の者に対して用いられ、時には相手を見下げたときに使用されますが、語源は「御前」ですから、本来は敬意の高いことばです。江戸時代前期頃までは高い敬意で使われていました。宮崎の山間部の「おまえ」は、この名残をとどめています。その他、八丈島、奈良県十津川地方、和歌山県南部、鹿児島などの方言でも、「おまえ」が敬意を持った二人称代名詞として高齢の方々の間で用いられています。「おまえ」は日本

の周辺部で、もともとの意味を温存させながら生きながらえているのです。

「おまえ」とは違って、敬意を下げてしまった人称代名詞もあります。北九州市を中心とする福岡県北部で用いられる「きさん」がそうです。

きさん、くらすぞ。（きさま、くらわすぞ。）

のように使われますが、この後はたいてい、鉄拳が飛んできます。

「きさん」の語源は「貴様」です。さきの「おまえ」と同じように、「貴様」も本来は目上に対して用いられる、敬意の高い代名詞でした。過去には書状（手紙・書簡）のなかで用いられた記録が多く残っています。しかし、時代とともに敬意が下がり、同等や目下の人に対して使われる代名詞になりました。軍隊では「きさま」がよく使われたようで、「きさまと俺とは同期の桜」の歌や、上官が部下を怒鳴りつけるときに用いられる代名詞として知られています。北九州では「きさま」が「きさん」と変化し、同時に敬意もさらに下がって、喧嘩のときに相手を罵倒する表現になってしまいました。「きさん」は九州北部以外に東北地方などでも用いられることがありますが、いずれも相手を卑しめるときしか用いられないようです。

元来、高い敬意を持ったことばが敬意を失うような例は、日本語にはしばしば見られます。例えば、「おれ」もかつては女性が一般に用いる一人称代名詞でしたが、現在では、男性が同世代の親しい人か目下の人に使うことばとなっています。ただし、東北や九州では、まだ女性が「おれ」や「おれ」の変化した「おい」などを使う地域もあります。

一人称と二人称が入れ替わることもあります。例えば、「自分」は、共通語では一人称の代名詞ですが、関西方言などでは二人称の代名詞として用いられます。熊本方言や大分方言でも二人称として使用されています。

自分どこに行くん？（あなたどこに行くの？）（大分）

は同等もしくは目下に対して用いられる表現で、敬意はありません。「自分」を二人称に用いることは、古くからありました。書状などには相手をさして「自分様」といった例があります。この場合は敬意のある表現ですが、現在の方言では、いずれも同等か目下に対して使われる代名詞になっています。

熊本方言には二人称代名詞に「じん」という形式もありますが、これは「自分」の変化したものではなく、「おひと、おかた」などと同様、第三者をいうときの「人」の尊敬語である「御仁」が代名詞として用いられるようになったものとみられています。

このほか、「我」（われ）も、一人称から二人称に転じたことばです。九州では長崎や鹿児島で「われ」の変化した「わい」が二人称として使われています。鹿児島には、「わいがわい、おれわい、『わいわい』ちゅでわい、おいもわい、われわい、『わいわい』ちゅわなわい」ということば遊びがあります。意味は「お前がね、俺にね、『お前お前』と云うからね、俺もね、お前にね、

『お前お前』と云わなければね」です。二人称の「わい」と間投詞の「わい」（共通語の「ね」にあたることば）がふんだんに使われています。

二人称代名詞を間投詞として使うのは鹿児島だけでなく、九州全体の特徴です。例えば、鹿児島以外の地域では、「あんた」が間投詞として盛んに使われます。

昨日あんた役場さんあんた行ってからあんた書類ばあんた取ってきたらあんた。

（昨日ね、役場へね、行ってね、書類をね、取ってきたらね。）

一句ごとに「あなた」と呼びかけることによって、相手と会話を続けたいという気持ちを表しているのです。佐賀方言では文の最後に「ばんた」「かんた」または「ばん」「かん」が付くことがありますが、これらは、「ばい＋あんた」「かい＋あんた」が縮まったものです。

ありゃー山ばんた／山ばん。（あれは山ですよ。）

ありゃー山かんた／山かん。（あれは山ですか。）

（岸江信介）

これが九州方言の底力！

九州方言の二人称代名詞は、「おまえ」のように今なお敬意を含むものや、「きさん」のように罵倒することばに敬意が低下してしまったものなど、多彩です。また、相手と会話を続けたいという気持ちを表す間投詞としても使われ、会話のなかで重要な役割を果たしています。

22 ばりばり多か、九州方言の強調語

「ばり」「ちかっぱ」「しんけん」等々

「あん店のラーメンな、ばりうまか」（あの店のラーメンは、非常においしい）

このような、「非常に」に相当することばは、日常会話のなかで頻繁に使われます。共通語でも「すごく」「とても」「たいへん」などのほか、特に若い世代では、「すごい」「すげー」「ちょー」「めっちゃ」など多彩な表現が用いられています。九州でも、これらの共通語形や俗語・新語が、やはり若い世代でよく使われていますが、同時に、共通語にはない、九州方言独自の言い方もまたじつにたくさん聞かれます。

九州各地の「すごく」を表す方言を、県別にできるだけ具体的に紹介していきましょう。

まず、九州の広い範囲で使用されているのが「ばり」とその強調形「ばりばり」です。この語は福岡県でまず広まったようで、その後各県に、特に佐賀・長崎・熊本・大分の九州北部・中部に勢力を伸ばしています。南部にも少し広がりつつあります。

福岡県の特有語としては、福岡市を中心に「ちかっぱ」「ちかっぱい」があり、北九州市を中心とする東部に「でたん」「でったん」が広く分布しています。また南部の筑後地方には、「ぎゃ

ん」「がん」（23参照）があり、大牟田市周辺には「くー」という語もあります。

佐賀県では、島田洋七の本で一躍有名になった「がばい」「がば」が有名で、語形の類似する「がい」「がっぱ」「がっぺ」などもみられます。「がば」は隣接する福岡でも聞かれます。

長崎県では、長崎市などの都市部で用いられる「いじ」「いっじ」「いじで」が代表格ですが、長崎市の北隣の西彼《にしその》杵《ぎ》郡では「ごっきょ」「ごっきゃ」、島原半島で「がまじゃ」、平戸市で「が

九州全域	ばり、ばりばり
福岡	ちかっぱ、ちかっぱい、でたん、でったん、ぎゃん、がん、くー
佐賀	がばい、がば、がい、がっぱ、がっぺ
長崎	いじ、いっじ、いじで、ごっきょ、ごっきゃ、がまじゃ、がっぽ、がっぽし、ざま、ざまに
熊本	たいぎゃ、たいが、たいな、かんなし、まうご、まうごつ、はうごつ、まご、だご、ばご、なば、そーん、そーな、そーにゃ、ごろ、ごっ、がら、がっ、がー、どん、どんこん
大分	しらしんけん、しゅらしんけん、しんけん、ざーねー、もな、とーてん、ばされー
宮崎	てげ、てげにゃ、もば、もろ
鹿児島	わっぜ、わっちぇ、わっせ、てげ

九州方言の強調語

っぽ」「がっぽし」、五島列島で「ざま」「ざまに」など、各地に特有の言い方があります。

熊本県は強調表現の宝庫です。特に熊本市は、おそらく全国随一の強調語のバラエティーをもつ都市といっていいでしょう。この地域の伝統的なことばは、「たいぎゃ」「たいが」「たいな」「かんなし」などですが、若者世代は「まうご」「まうごつ」「はうごつ」「まご」「だご」「ばご」「なば」など、一種の遊び感覚で、次々と新しいことばを生み出しているようです。その他の地域も多彩で、県北の玉名市とその周辺で「そーん」「そーな」「そーにゃ」、県南の八代市とその周辺で「ごろ」「ごっ」、人吉市や球磨郡で「がら」「がっ」「がー」など、天草島では「どん」「どんこん」などがあります。

大分県は、年配の方々の使うことばでは「しらしんけん」「しゅらしんけん」があり、若い世代ではそれの短縮された形の「しんけん」が非常に優勢です。その他、県北などでは「ざーねー」が、豊後高田市周辺では「もな」が、県中央部では「とーてん」、県西部では「ばされー」などが使われています。

宮崎県は、「てげ」「てげにゃ」が代表格で、県内に広く分布しています。その他には目立つ語形は少なく、西南部の小林市周辺に「もば」があるほか、「もろ」という形も散在しています。

鹿児島県は、「わっぜ」「わっちぇ」「わっせ」の類が代表的な特有語で、宮崎県と同じ「てげ」も各地にみられます。

以上、県ごとのおおまかな様相を述べましたが、まだまだ紹介されていないことばがたくさんありそうです。限られた狭い地域でのみ使用される語形も、例えば、福岡県の旧朝倉郡で使われる「げーらい」など、相当な数になることが予想されます。

以上、いずれも濁音で始まる語や、濁音を含む語が非常に多いという共通点があります。ことばを強めて表現しようとすると、おのずと勢いのある濁音になりやすいからでしょう。

なお、この強調語に関しては、その多種多様な語形の多さとともに、各語の語源・由来にも興味がわきますが、それを明確に示すことのできる語は少ないといわざるをえません。

熊本市の伝統的な「たいが」「たいぎゃ」、そして宮崎県・鹿児島県に分布する「てげ」は、ともに「たいがい（大概）」の変化だと考えられます。福岡の「ちかっぱ」「ちかっぱい」は「力一杯」からでしょう。長崎の「いじ」（意地？）、大分の「しんけん」（真剣？）なども語源の候補は絞られるでしょうが、なぜ本来の意味と違った強調語として用いられるようになったかは、改めて考える必要がありそうです。

（坂口　至）

これが九州方言の底力！

九州方言は、「非常に」「すごく」などの意味を表す強調語の宝庫。「ばり」が代表格ですが、地域ごとに多彩な表現があり、新語も生み出されています。濁音で強烈なインパクトを与える語句が多く、九州方言のパワーを感じさせます。

23

こがんうまかラーメンは初めてばい

九州方言の指示詞

「こんなに美味しいラーメンは食べたことがない」

「そんなに急いでどこへ行くの？」

「あんなに背が高い人は見たことがない」

「どんなに小さくてもいいから、一軒家に住んでみたい」


右の四つの文には、「こんな」「そんな」「あんな」「どんな」という様子を指示することばが含まれています。この四つのことばを、九州では、地域によって次のように表します。

「こがん」「そがん」「あがん」「どがん」……九州北部
「こぎゃん」「そぎゃん」「あぎゃん」「どぎゃん」……九州北部・中部
「こげん」「そげん」「あげん」「どげん」……九州東部・南部

これらの語形の由来ははっきりとしていて、「こがん」「こぎゃん」「こげん」で説明すると、いずれも「こがように」という古い言い方が変化してできたものです。「こがように」というのは、「此《こ》が様に」と書けるもので、共通語の「このように」と同じ表現です。その「こがように」が「こがいに」になり、その後「がいに」の部分に、地域によって違った発音のなまりが起こり、「こがん」「こぎゃん」「こげん」といった語形が生まれたものです。

ちなみに、「すごく」を意味する方言（**22**参照）のなかで、福岡県南部や熊本県北部に分布する「がん」「ぎゃん」は、「こがん」「こぎゃん」の「こ」が脱落したものです。「こがん」「こぎゃん」ということばは、もともと様子を表す言い方でしたが、「こんなに」から「こんなにも」という程度がはなはだしい意味へと転化し、より多くの場面で使われるようになったのです。

（坂口　至）

これが九州方言の底力！

「こがように」から転じた「こがん」類は、様子を表すことばから程度のはなはだしい意味へと転化し、ますます盛んに使われています。音に迫力があることもあって、表現力豊かなことばです。九州方言の活力の一端を見せてくれるものだといえるでしょう。

24 夏はぬっか、冬はさんか

カ語尾形容詞

「今日は天気のよかばい。家ん中におってもしょんなかけん、油山いでも遊び行かんや。たっかとこから福岡市内ば眺めたら気持ちよかろーや。」
「よか考えたい。行こーや。」

右の例文の「よか」「しょんなか」「たっか」など、「か」で終わることばは、いずれも形容詞で、共通語では「よい」「しょうがない」「高い」となります。このように形容詞の語尾が「か」となるものを「カ語尾」といいます。共通語の「い」で終わる形容詞を「イ語尾」と呼ぶのと対照させた呼び名です。カ語尾の形容詞は、「よか」「甘か」「うれしか」など、じつに頻繁に使われる、九州方言の代表の一つといってもよいものです。

ところが、九州方言といっても一様ではありません。左ページの図は、昭和四〇年ころ、年輩の方々を対象に、「好《よ》い」を何と言うかをたずねた結果です。「よか」と言う地域は、九州の西半分に限られていることがわかります。それに対して、九州東部一帯はイ語尾の領域です。

カ語尾形容詞が使われる地域では、形容動詞も「静かか」「丈夫《じょうぶ》か」のようにカ語尾となります。「愉快」「高等」などの新しい漢語も「愉快《ゆかい》か」「高等《こうとう》か」のように言います。

同じように、イ語尾形容詞が使われる領域の大分県では、形容詞だけでなく形容動詞も「丈《じょう》夫《ぶ》い・じょーびー」などと言います。

九州西側に分布するこのカ語尾は、もともとは、形容詞の「カリ活用」に由来するものです。カリ活用とはどういうものでしょうか。「白い」「美しい」の文語、「白し」「美し」を例にして、文語（古典で使われていることば）の形容詞の活用について解説しましょう。

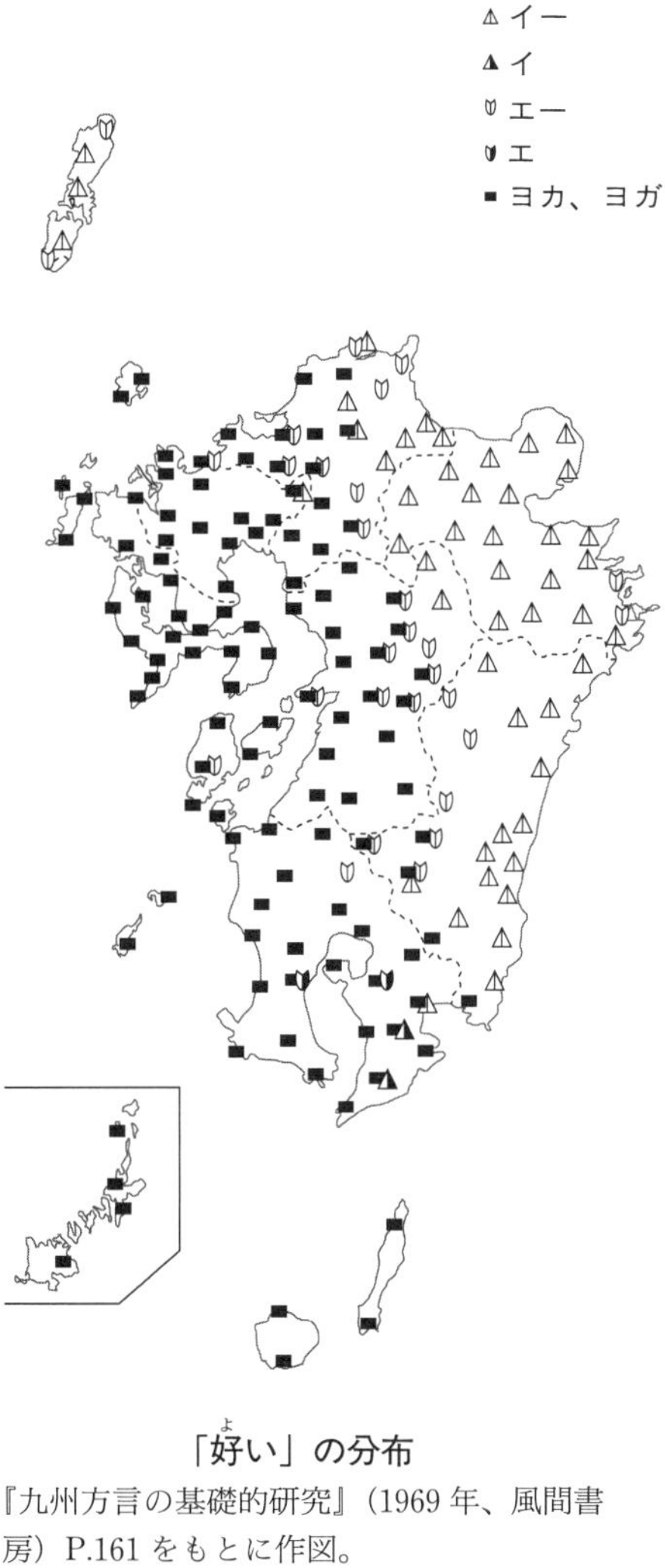

「好《よ》い」の分布

『九州方言の基礎的研究』（1969年、風間書房）P.161をもとに作図。

	未然形	連用形	終止形	連体形	已然形	命令形
白し	白から	白く 白かり	白し	白き 白かる	白けれ	白かれ
美し	美しから	美しく 美しかり	美し	美しき 美しかる	美しけれ	美しかれ

右の活用表をご覧ください。「白し」は、「白くなり」「白し」「白き雪」などと活用する形容詞で、「ク活用」形容詞と呼ばれます。

また、「美し」は、「美しくなり」「美し」「美しき雪」などと活用し、「シク活用」形容詞と呼ばれます。このように、文語では、形容詞にク活用のものと、シク活用のものの、二種類があるのです。

ところで、表には「白し」「美し」それぞれについて、左側に別の活用が載っています。「白から」「白かり」「白かる」「白かれ」、「美しから」「美しかり」「美しかる」「美しかれ」などです。これを「カリ活用」と呼びます。カリ活用は、本来の活用語尾ではありません。例えば、「白し」に否定の助動詞「ず」を付けたいとき、そのままでは言いにくいので、「白く」＋「あら」（「あり」の未然形）＋「ず」と表し、それが「白からず」と縮まってできたのがカリ活用です。

現代の九州方言のカ語尾形容詞は、このカリ活用が由来だと考えられます。例えば、方言の

「よか」は、文語形容詞「よし」のカリ活用「よかる」が、「よかっ」となり、「よか」へと変化したと考えられます。

「たいがい　きつかるねー」（そうとうきついねえ、熊本市）の「かる」や、「よからいねー」（いいよねー、鹿児島市）の「から」は、カリ活用からカ語尾形容詞への変化途中の姿をとどめています。

では、なぜ、カ語尾は九州西部で盛んなのでしょうか。その背景には、カ語尾のもつ語感・ニュアンスがかかわっていると考えられます。

暑い日には熱中症に注意！（イ語尾）

今日は暑かー！（カ語尾）

この二つを比べてみると、イ語尾の「暑い」は客観的叙述のニュアンス、カ語尾の「暑かー」には感嘆、感動のニュアンスがあることがわかります。カ語尾には、詠嘆を表し文をまとめる働きがあるのです。

カ語尾が盛んな九州西部では、次のように、名詞で止めて詠嘆を表す表現がよくみられます。

「今日はよかてんき」（今日はいい天気だなあ！）

「ばかんごつ」（ばかなことを。ばかなことを言うな。熊本市）　※「ごつ」＝「こと」

また、「暑さー」などの「サー語尾」(**40**参照)で詠嘆を表す地域も、ほぼ重なります。このように、語尾を短く止めて詠嘆を表す九州西部のことばの風土と、カ語尾の多用の間には、相関関係があることが推察されるのです。

全国的に方言が衰退し共通語化が進んでいる今日ですが、九州のカ語尾は現在でも強い生命力を維持していて、むしろ勢力を拡大している地域もあります。鹿児島県・宮崎県などのカ語尾・イ語尾が併用されている地域では、若い人々の間でカ語尾の使用が増えるという現象がみられます。また、イ語尾地域だと思われていた熊本県阿蘇地方に、カ語尾が勢力を広げているという報告もあります。

以上のような考察を踏まえて、この項目のタイトルを解釈してみましょう。「夏はぬっか、冬はさんかー」は、熊本県の例で、「ぬっか」は「ぬくい」(暑い)のカ語尾、「さんかー」は「寒い」のカ語尾です。感情のこもった詠嘆の表現を、十分に味わえる例ではないでしょうか。

(杉村孝夫)

これが九州方言の底力!

「よか」「うまか」「くやしか」など、カ語尾の形容詞は九州西部でよく使われる、九州方言の代表選手です。これらは、由緒正しい日本語の活用の名残をとどめつつ、人々の感情をストレートに表す、ぬくもりのある方言だといえます。

どこ行きがっしゃーと

福岡の武家ことば

福岡市のことばは、町人の町の博多ことばと、武家の町の福岡ことばとに分かれていました。福岡ことばの代表である「がっしゃい」は、福岡城下の旧武家が多かった那珂川より西、現在の福岡市中央区でよく使われていました。

「どこ行きがっしゃーと」（どこに行っていらっしゃるのですか）「待ってがっしゃい」（待ってください）のように言います。

「がっしゃい」は「ござる」に「しゃる」の命令形「しゃい」が付いた「ござらっしゃい」が変化したものです。意味は「いらっしゃい」「ください」などの尊敬を表します。この「がっしゃい」は同世代・同階級の仲間内のことば（特に、女学校に通う学生たちが仲間意識を確認し合うハイカラ言葉）としてよく使われたこともありましたが、戦後廃れました。

福岡ことばには、このほか、博多ことばには無い「おいでない」（いらっしゃい）「ごろーじゃい」（ご覧ください）などがあります。「おいでなされ」、「ごろーじあれ」の変化とみられます。しかし、今日ではほとんど使われていません。「がっしゃい」は、消えゆく福岡の武家方言のひとつです。

（中村萬里）

25 何ばしょっとー、本ば読んどー

九州方言の格助詞

長崎県出身の田中くんは「何をしているの?」を「何ばしょっとー?」、「本を読んでいる」を「本ば読んどー」と言います。「何ば」と「本ば」の「ば」は、共通語で言えば「何を」「本を」の「を」になると教えてくれました。

どうして長崎県では「を」を「ば」と言うのでしょう? 答えを言ってしまうと、助詞「を」に助詞「は」をつけた「をば」という言い方からきているのです。映画やドラマで、警官などが「失礼をばいたしました!」(失礼をいたしました!)と言っているのを、聞いたことはありませんか? 「失礼を」ということばをはっきりと示すために「を」のあとに「は」をつける言い方は、少し古風な感じもしますが、共通語としても使われます。また、「をは」を「をば」と濁るのは、「筆箱(ふでばこ)」の「はこ」が「ばこ」になるのと同じ現象です。

「をば」から「ば」への変化は、次ページの地図中にある「ノンバ」にヒントがあります。「本をば」のように直前の音が「ん」になるときに、早く続けて言うと「本のば」あるいは「本ぬば」のように聞こえます。それで直前が「ん」ではない場合にも、この地域では「をば」を「のば」「ぬば」、さらには「のんば」「んば」と言うようになっていったと考えられます。

手ーのんば　洗わんね。（手を洗いなさいね。佐賀県藤津郡太良町大浦）

きゅーわ新茶んば持って来たと。（今日は新茶を持ってきたの。長崎県諫早市猿崎町）

これらの例からも、「をば」から「ば」への間には音の変化があったことがわかります。そしてついには、「のん」や「ん」の部分を省略して「ば」だけになったのです。

しかし、この九州方言の特徴ある格助詞「ば」も、九州全域で使われているわけではなく、三分の一程度の範囲でしか使われていません。左の地図に見るように、九州の西部（熊本県、佐賀県、長崎県、福岡県の西部）にみられる特徴的な方言です。

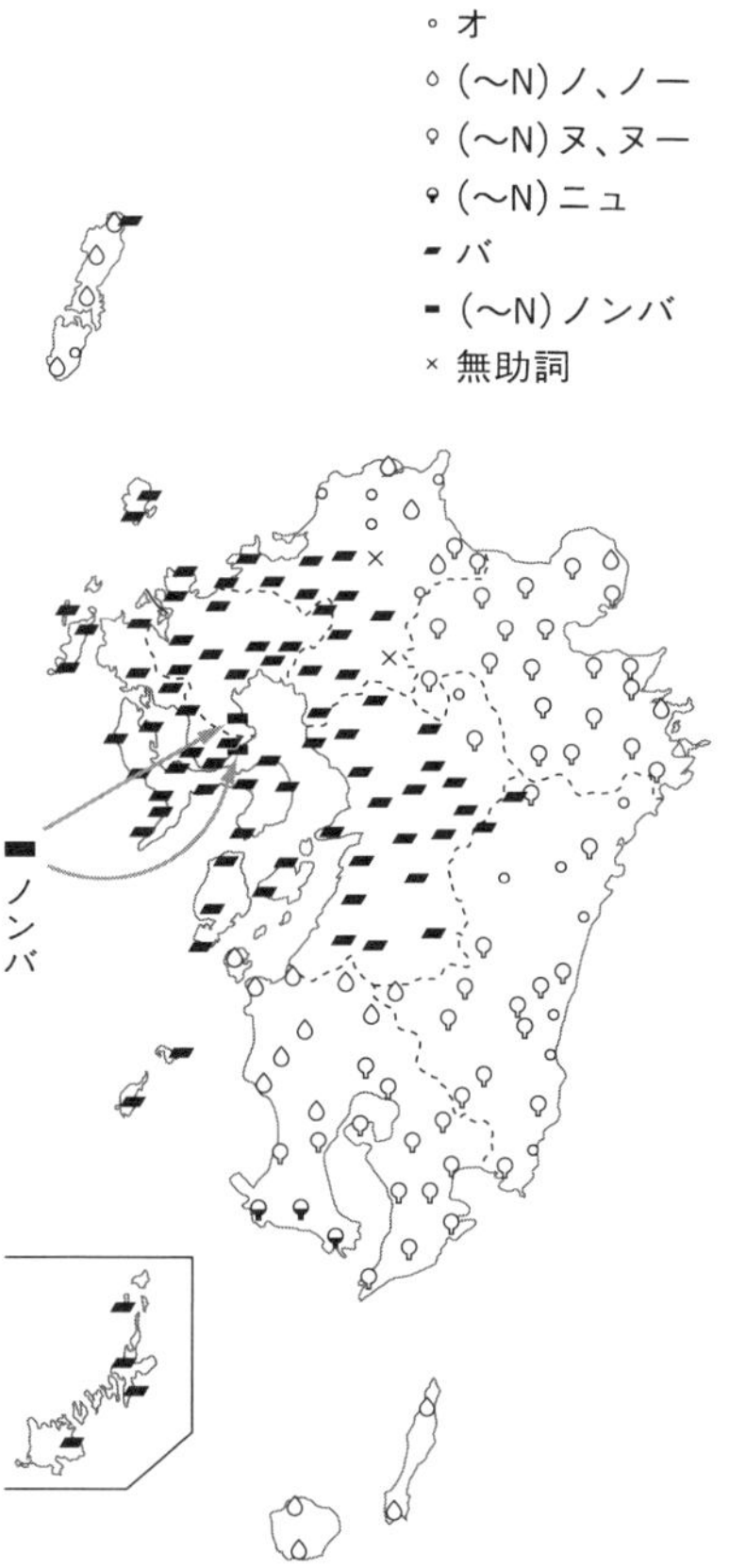

対象を示す助詞「を」（老年層）の分布

（〜N）：前に来る音が撥音《はつおん》（ン）の場合。

『九州方言の基礎的研究』（1969年、風間書房）P.168をもとに作図。

なお、遠く離れた東北地方にも同様に「ば」を使う地域がありますから、この言い方は古く京都から発生して、だんだん遠い地域に広がっていったことがわかります。

＊

先に挙げた九州の西部では、助詞の「が」の代わりに「の」が盛んに使われます。

犬《いん》のおっぱい。（犬がいるよ）
雨の降りよる。（雨が降っている）
歌のうまか。（歌が上手だ）

しかし、「の」だけを使うわけではなく、

おいが行く。（俺《おれ》が行く）
阿蘇ん行くときゃ、バスが早かばい。（阿蘇に行くときは、バスが早いよ）

のように、自称（自分を指すことば）の後や、何かと比べるとき（バスと他の交通手段を比較するなど）には「が」が使われます。また、「先生の来《こ》らした。（先生がいらっしゃった）」、「泥棒が来た。（泥棒が来た）」のように、尊卑（自分より目上か目下か）の違いによって「の」と「が」を使い分ける地域もありますし、「の」の音が「ん」に変化している地域もあります。

同じ「が」を表すものとして、九州の格助詞には全国的にも非常に珍しい「い」と「ぐ」が大分県で使われています。具体例を挙げましょう。

花ぐせぇーた。（花が咲いた）　…大分県の北東部

花いせぇーた。（花が咲いた）　…大分県南東部の大野川の流域

「ぐ」というのは、「が」が音変化したとも、「ようこそ」などに使われる助詞「こそ」が音変化した結果とも考えられていますが、語源についてはっきりしたことはわかっていません。

一方、「い」のほうは、万葉集などに出てくる古い助詞に「い」があることや、韓国語の「が」にあたる「이」（イ）があることから、いっそう語源への関心が持たれます。また、「ししんでん（紫宸殿）」を「ししいでん」とも言いますし、方言では「人参」を「にいじん」などと言うところもあり、前述の九州西部方言の「の」を元にして、「の」が「ん」に変わり、それがさらに「い」に変化したのではないか、とみる考え方も示されています。

しかし、この非常に珍しい「ぐ助詞」「い助詞」ともに、使っているのは高齢者に限られており、今ではこれらの方言の行く末は風前の灯火です。

（松田美香）

これが九州方言の底力！

「本ば読んどー」の「ば」は、「をば」から生じた格助詞。ほかにも、「の」「ぐ」「い」など、九州方言ならではの格助詞があり、音の変化や語源への好奇心をかき立てます。

26 熊本はリバテープ、佐賀はカットバン

商品名と九州方言

ちょっとした切り傷に貼る救急用品を何と呼びますか？　ほら、裏にガーゼが付いている、あれですよ。たいていの家にありますよね？

「あれ」の正式名称は「救急絆創膏《ばんそうこう》」です。でも、誰もそう呼びませんね。救急絆創膏のことを、福岡・熊本・大分・宮崎では「リバテープ」、佐賀・長崎では「カットバン」と呼びます。「カットバン」は、東北や関東など広い地域で使われますが、「リバテープ」は九州のこの四県のほかはあまり使われていないようです。じつは、九州で「リバテープ」や「カットバン」と呼ばれるのは、わけがあります。これらの製品を作っている会社が九州にあるのです。

「リバテープ」を作っているリバテープ製薬は、熊本県植木町に本社があります。昭和三五年の創業で、同年から「リバテープ」の名でこの商品の販売を開始、熊本県を中心とする地域でシェアを伸ばし、熊本では救急絆創膏といえば「リバテープ」、というほどになったのです。

「カットバン」を作っているのは佑徳製薬工業株式会社で、本社は佐賀県鹿島市にあります。救急絆創膏の「カットバン」を昭和三六年に売り出し、佐賀県では救急絆創膏といえば「カットバン」、というようになったのです。ただ、先ほども触れたように、「カットバン」は東北や関東でも、けっこう使われています。調べてみると、この会社は東京や東北に支店を持っています。支店を通じて販売ルートを拡大し、それに従って「カットバン」という名称も広がったのではないかと思われます。

九州以外に目を向けてみると、「バンドエイド」「サビオ」「キズバン」などが救急絆創膏の呼び名として使われています。「バンドエイド」は東京や関西、「サビオ」は北海道、「キズバン」は富山で有力です。「バンドエイド」や「サビオ」も、もとは商品名で、この名称が広がった背景にも、やはり販売ルートとの関係がうかがえます。ちなみに、「サビオ」は現在では製造中止になっていますが、北海道ではかつてシェア一位だったこともあり、いまだに「サビオ」が救急絆創膏の一般名称として使われています。

（二階堂　整）

これが九州方言の底力！

日用品の名称にも方言があります。「リバテープ」「カットバン」は、特定の商品名が一般名として普及したもので、商品の販売ルートと方言が関係する例です。それにしても、救急絆創膏の会社が九州で二社も創業したとは！　傷を包んであげたいという、九州人の優しさでしょうか？

27 「むしゃんよか」は若者語

都会っ子は方言好き

「ワッ！　その新しかスニーカー、むしゃんよか！」
「だろー。ばってんがたい（でもね）、田中が、だしゃー（ダサイ）て言うとたい。あいつ、性格悪かけん（悪いから）、あくしゃうつ。」

これは、熊本市内に住む中学生の会話です。

「むしゃんよか」は熊本に古い時代から伝わる伝統方言の一つで、武士が凛々しく武装した姿「武者振り」が「良か（良い）」ということから、かっこいい、見栄えがいい、といった意味を表します。「あくしゃうつ」も同じく伝統的な方言で、いやになる、困り果てる、といった意味です。

全国的に共通語化の波が押し寄せて、伝統的な方言は急速に失われつつあるかのように思われています。ところが、どっこい、熊本では、都市部の若者たちが、伝統的な方言を復活させるという新しい変化が起きています。

おもしろい調査結果があります。

熊本のどの世代の人々が、「むしゃんよか」「あくしゃうつ」といった伝統的な方言を、どれほど使っているか、平成九年（一九九七年）に調査を行いました。すると、熊本市内では、二〇～三〇代の八五％、一〇代の九五％が、これらの伝統的な方言を使っていたのです。熊本市以外の地域では、年齢が若くなるにしたがって衰退の一途をたどっている伝統的な方言が、熊本市では、若者の間で大きく復活し、今や若者語の様相を呈しているのです。

このような若者の方言志向は、自分が生まれ育った地域や自分の方言に誇りを持っている西日本の若者、特に都市部の若者にみられます。彼らは、方言と共通語を場面によって使い分けることができます。あたりまえに使える共通語の面白味のなさ、陳腐さに飽き足りないのです。むしろ、特色ある方言の方が、斬新でインパクトがあって、面白く、仲間内で受ける表現なのです。

熊本市内の若者たちは、伝統的な方言を復活させるだけでなく、それを土台に使って、新しい方言を作り出しています。「しにかぶる」「だごひん」「ごちー」など、次々と新しい若者方言が生み出されています。その作り方は、伝統的な方言、共通語、若者方言を自由自在に混ぜ合わせて、新しい混交形を作るという、ちょうど、新作の混ぜご飯を作るようなやりかたです。二つのパターンをみていきましょう。

(1)伝統的な方言と若者方言の混交形

あくしゃうつ ＋ だご（団子＝大いに）＝ だごあくしゃ（大いに困り果てる）

～かぶる（～しそうになる）＋ 死ぬ（ダウンする）＝ 死にかぶる（ダウンしそうになる）

(2)若者方言と共通語の混交形

だご ＋ 顰蹙《ひんしゅく》 ＝ だごひん（非常に顰蹙）

だご ＋ 乗り ＝ だごのり（過密乗車）

新しい混交形は、伝統方言の独自性や個性は頑固に保持しつつ、そこに斬新でインパクトのある表現力を加えるもので、「もっこす（頑固者）」と「わさもん（新しさを好む者）」が同居する熊本人気質の為せる業とも思えます。熊本方言は若者によって改新され、活気を保っているのです。

今、東京都内の女子中高生・大学生の間で、全国各地の方言を取り混ぜて使うことが、ちょっとしたブームになっています。例えば、名古屋方言の「でら」と沖縄方言の「ちばりよー」をつなげた「でらちばりよー（めいっぱい頑張れよー）」、北海道方言「なまら」と九州方言「せからしか」をつなげた「なまらせからしか（とてもうるさい）」などなど。熊本の若者たちが先駆けとなった方言ブームは今や全国区に勢力拡大中です。（月刊『言語』二〇〇六年三月号参照）。

（吉岡泰夫）

これが九州方言の底力！

新しい言葉のブームを起こす若者たちは、斬新で面白く、インパクトがあって仲間内で受ける表現を常に探究しています。そういう表現を熊本の若者たちは伝統的な方言に見出したのです。

カライモとトーイモ

サツマイモとは呼びません

サツマイモは薩摩（鹿児島県）の芋ということです。これを全国各地でどう呼ぶでしょうか。岡山・鳥取より東はサツマイモ、そのうち東海～関東～南東北ではただサツマと呼びます。中国・四国地方ではリューキューイモ・ジューキューイモ、山口西部から九州北部では、トーイモ、トイモ、九州中南部と四国の高知県中東部ではカライモが使われます。

いずれの呼び名にも地名が含まれ、東から西に向かって「薩摩→琉球→唐」という順になっています。この順序、実際の地名の位置関係と並行的です。鹿児島の南に琉球が、さらに遠くに唐（中国）があります。つまりそれぞれの地域では、薩摩から／琉球から／唐からこの芋が伝来したと考えられていたのです。

この芋はアメリカ大陸が原産で、コロンブスの新大陸発見でスペインに伝えられ、フィリピン、中国を経て、十七世紀初めに当時の琉球に伝わり、さらに一六〇九年の薩摩の琉球入り以降に薩摩にもたらされました。

江戸時代の享保の大飢饉の後、幕府の命を受けた青木昆陽によって全国に広められ、飢饉の際には貴重な食料として多くの人びとの命を救いました。

（日高貢一郎）

28 まだ学生と？ うん、学生と

「〜と」の新用法

どこ行くと？

買い物に行くと。

このように、「と」は九州方言のなかでもとてもよく使われる、九州方言らしいことばです。共通語の「の」に相当し、「どこ行くと？」は「どこ行くの？」、「買い物に行くと。」は「買い物に行くの。」という意味になります。九州各地でこの「と」のバリエーションは多く、「つ」「っ」「ん」「のん」「がん」などが知られていますが、そのなかでも「と」は福岡県博多を中心に、幅広い地域で使われています。

この伝統的な方言である「〜と」に、最近、新しい使い方が生まれてきました。例えば、こんな場面で使われます。小学校の同窓会での会話を思い浮かべてみてください。

「ねぇ、噂で聞いたけど、田中君って、まだ学生と？」

「うん、田中君はこの春、会社を辞めて大学院に入ったらしいよ。」

この傍線部「学生と？」は、「学生なの？」という意味で、これは共通語の影響を受けて出来た、比較的新しい用法なのです。では、どんなところが新しいのでしょうか。

学校で習う文法では、「赤い」など「い」で終わるものを「形容詞」、「元気な（人）」など後ろに名詞を伴う場合に「な」の形になるものを「形容動詞」と呼んでいます。どちらも「状態」「様子」などを表すことばです。従来の九州の方言ではこれらは「カ語尾」（24参照）で、「赤か」、「元気か（人）」となります。したがって、共通語の「赤いの」「元気なの」は、「赤かと」「元気かと」です。ここで、共通語と比較して整理してみましょう。

	共通語	方言形
動詞文	行くの	行くと
形容詞文	赤いの	赤かと
形容動詞文	元気なの	元気かと

最近では「カ語尾」を使う人はだんだん少なくなっています。形容詞では「赤かと」よりも「赤いと」と言う人の方が多くなりました。形容動詞では「元気かと」にかわって「元気と」という形があらわれ、さらに「(咳をしてるけど) 風邪なの?」のように「風邪」（名詞）の後に「の」があらわれる場合にも、「風邪と?」という言い方をする人が出てきたのですが、このような、名詞の後に直接「と」が付く形は、これまでには存在していなかったものなのです。

でもこれは、単なる言葉の乱れではありません。まず、今までの例を整理しなおしてみます。

	共通語	伝統的な方言形	現在頻繁に使われる方言形
動詞文	行くの	行くと	行くと
形容詞文	赤いの	赤かと	赤いと
形容動詞文	元気[な]の	元気[か]と	元気[　]と
名詞文	(太郎は)風邪[な]の		(太郎は)風邪[　]と
	(優勝者は)次郎[な]の		(優勝者は)次郎[　]と

0 ―― 100
名詞っぽさ

[　]の部分が新しくあらわれた形です。

さて、ここで、「風邪」「次郎」という二種類の名詞について考えてみます。「次郎」は人の名前ですから、「名詞」が「ものの名前」を表すものだという点から、いわば「名詞」の王道、「名詞」の中の「名詞」だといえます。それに対してここでの「風邪」は、「ものの名前」というより「風邪を引いた状態」のことですから、やや「形容詞」寄りの「名詞」と捉えることができるでしょう。同窓会の例「まだ学生と?」の「学生」も、ここでは田中君が一定の期間「学生」という立場にあるという「状態」を表していますから、「風邪」と同じタイプの名詞です。また、「状態」を表す「形容動詞文」の新しい形「元気と」が、「風邪と」のような「名詞文」と同じ形であることまで考え合わせて表全体を改めて眺めると、表の右から左にいくごとに、「と」を伴う部分の「名詞っぽさ」が濃くなっていく、と捉えることができそうです。一番右の「行く」は「動詞」、つまり「動作」を表すことばですから、「名詞っぽさ」はゼロ、そして「元気」はまだ「名詞」ではないのにやや「名詞っぽさ」をはらみ始め、一番左の「次郎」で「名詞」純度100パーセントに至る、というわけです。

そしてこの並び方は、この方言形を使う人たちの「OK度」まで表しているのです。「行くと」から「元気と」までは使うけれど「風邪と」「次郎と」はダメな人、「元気と」「風邪と」までは使うけれど「次郎と」には違和感がある人もいます。でもその逆はいない、つまり一番左の「次郎と」はOKなのにそれより右の「元気と」はダメと感じる人はいない、という類型も実際に報告されています。このように、「と」の新用法は、「乱れ」どころか、見事にシステマティックな言語変化がみてとれる、じつに「面白い現象と」です。

（坪内佐智世）

これが九州方言の底力！

伝統方言には無かった言い方が共通語の影響を受けて広がっていくという現象の背景には、多くの人が共通して持つことばの性質が関係しています。ことばの変化の問題を考える上で、大変興味深いことです。九州方言は伝統を踏まえつつ今も新しいものを取り入れ、動いています。

九州方言力検定 2

(1) 福岡・熊本などで「リバテープ」と呼ばれる医療用品。佐賀・長崎では何と呼ぶか。

ア サビオ　イ カットバン　ウ キズバン

(2) 九州方言のことを知らない人に、「〈ばってん〉は九州方言だよ」と教える言い方はどちらか。

ア「ばってん」は九州方言ばい。

イ「ばってん」は九州方言たい。

(3)「ばってん」の語源と考えられるのはどれか。

ア but and　イ but then

ウ ばとて　エ ×（ばってん）

(4) 太郎のことばとして正しいものはどちらか。

花子：弟がまだ帰ってないの。見なかった？

太郎：（アうちに来《き》とるよ・イうちに来《き》よるよ）

(5) 九州の感謝のあいさつではないのはどれか。

ア ちょーじょー　イ だんだん

ウ これわ　エ しもたかー

(6)「非常に」「とても」「すごく」という意味ではないものを選びなさい。

ア てげ　イ ちかっぱ　ウ むぞか

(7) 大分・宮崎で使われる、倦怠感や不満といった気分を表現することばは何か。

ア こっせん　イ じん

ウ じんべん　エ よだきい

(8) サツマイモを九州では何と呼ぶか。二つ選びなさい。

ア カライモ　イ ツルイモ

ウ トーイモ　エ ニドイモ

(9) 熊本の若者ことば「だごひん」の意味はどれか。

ア 団子も買えないくらい貧しい。

イ 非常に顰蹙《ひんしゅく》をかう。　ウ 談合のヒント。

(10) 大分方言で、「感想文なんち書けれん」が使われるのはどんなときか。

ア 本が難しくて、自分には感想文を書く能力がないとき。

イ 周囲がうるさくて、書ける状況ではないとき。

ウ 頭痛がして、今は書こうという気持ちになれないとき。

→こたえは186頁

その三 こんなに深いぞ! 九州方言

「ぼうぶら」はポルトガル語abóboraが起源。九州方言は奥が深い。(→37)

この章の内容から

29 大分人は時刻に敏感？

誤解の少ない、合理的な時刻表現

「8時50分」のことを、それ以外の表現で言うとしたら、何と言いますか？ 共通語をはじめ全国の多くの方言では、①「9時10分前」と言うのが一般的です。ところが、大分県など九州北部の方言にはもう一つ、②「9時前10分」という言い方があります。

①共通語など　：9時＋10分前
②大分県方言　：9時前＋10分

①と②とを比べると、語の組み立て方も違い、「前」の付く位置も違うことがわかります。

特に時刻を気にしている場面、例えば、9時ちょうどに誰かに電話をする約束があるとか、9時に始まる番組を見るつもりだが、まだ少し時間があるのでほかのことをしていてつい夢中になり、ハッと気づいて慌てて周りの人に時刻を聞いた、という状況を、思い描いてみてください。

①の言い方では、「9時10分…」までを聞いたら、一瞬、エッ！ もう9時を過ぎて「9時10分」になってしまったのかと誤解する恐れがあります。が、そのあと「9時10分前」と最後までしっかり聞いてはじめて、じつはまだ「8時50分」で、9時にはなっていないのだとわかり、ホッとひと息。うっかり語尾を聞き損ねると、じつに20分もの誤差が生じることになります。

また、「9時10分前」という表現は、「9時10分」の少し「前」、すなわち「9時8～9分ごろ」などと誤解してしまう可能性も、ないわけではありません。その点、②の大分方言式の言い方ならば、最初から「9時前…」となっているので、誤解は生じません。大分の時刻の言い方は、大変合理的で正確な表現であるといえるでしょう。

調べてみると、この②の表現について、次のようなことがわかってきました。

(1)「9時前10分」という表現は、丸い文字盤に長針と短針の付いた、従来のアナログ式時計を見た場合に言い、数字だけが示されるデジタル式時計を見た場合には使われない。

アナログ式時計の場合には、文字盤を見てまずおよそ「9時」に近いと捉える。が、正確にはまだそれまでには少し時間があるので、そのあと続けて、実際には何分前かを補足する、という順序で頭を働かせています。そういう思考過程をことばで表現したのが、大分方言式の言い方です。しかし、デジタル式時計の場合には、「8：50」と明示されているのでそれをそのまま言えばよく、①にしろ②にしろ、「○時…前…」といった言い方は出てきにくいということでしょう。

(2)「○時前△分」の○に入る数字は、1～9が多く、二けたの数字は入りにくい。

たとえば、「ジューイチジマエジップン」などと長くなると、言いにくいためではないかと考えられます。また、10時・11時・12時は、短針と長針が狭いゾーンに重なり合うことになって、見にくい、ということもありそうです。

(3)「○時前△分」の△に入る数字は15までで、5、10、15と5分刻みである。

これはすなわち、この表現が○時の「少し前」をおおまかに表す概数表現だということです。

大分県で行った調査では、自分自身がこのユニークな時刻表現をするという、中年~年配の人の半数以上が、「共通語だと思っている」という結果が出ました。「気づかない方言」(**14**参照)の例の一つです。同じく自分が使うという中学生・高校生でそう思っているのは35%でした。中年~年配者の間では県内全域で使われていますが、中学生・高校生は県北地域に限られます。なお、大分県のほかでも、福岡県、熊本県北部などで使われていることがわかってきています。

「9時前10分」という言い方は、おそらく、時計が普及して日本人の多くが時刻を「分」の単位まで認識できるようになった、明治中期以降に生まれてきたものと考えられます。

しかし、この便利な言い方が、デジタル式時計の普及によって、若者の間で使われなくなってきていることは、大変残念です。

(日高貢一郎)

これが九州方言の底力！

「9時前10分」は、共通語と比べて誤解の少ない、優れた時刻表現で、大分県を中心に使われています。方言と意識されない方言、気づかない方言の一つといえます。

方言漢字「薗」

漢字にも地域差

　鹿児島実業高校出身のサッカー選手に前園真《まえぞのまさ》聖《きよ》という人がいます。一九九六年のアトランタオリンピックで活躍した選手です。彼の名前は草冠のない「園」ですが、鹿児島の人名では草冠のある「薗」の字が非常に多く使われています。例えば、上之薗《うえのその》、大薗《おおぞの》、奥薗《おくぞの》、仮屋薗《かりやその》、窪《くぼ》薗《ぞの》、久保薗《くぼぞの》、寺薗《てらぞの》、堂薗《どうぞの》、上堂薗《かみどうぞの》、宮薗《みやぞの》、森薗《もりぞの》、などなど。「薗」の字を名前に持つ人は現在、全国にいますが、圧倒的に多いのは鹿児島県です。「薗」は方言漢字といってよいでしょう。

　人名と地名は関係することが多いので、鹿児島には「薗」の付く地名も多いかと思い、調べてみました。すると意外なことに、「薗」は薩摩川内市里町里薗くらいで、ほかは千葉県館山市薗、群馬県沼田市薗原ダム、愛知県北設楽郡東栄町東薗、三重県多気郡大台町薗、和歌山県御坊市薗、京都市今出川大宮の桃薗学区、岡山県倉敷市薗小学校など、鹿児島県以外の地域でした。地名の場合、区画整理などで漢字が変更されるのかもしれません。

　そのほか、山元、坂元、松元などの「元」も鹿児島に特有の漢字の使用法です。鹿児島では「××もとさん」と紹介された場合、「ゲンですか、ホンですか」と聞くのが普通になっています。

（木部暢子）

30 カジとカヂはどう違う？

四つ仮名の発音の区別を保つ九州方言

鹿児島県枕崎市で漁業をいとなむおじいちゃんのところへ、アキラくんが遊びに行きました。舟の上で黙々と仕事をするおじいちゃんのそばで、アキラくんは退屈そうにしています。

「カヅ　とっみっか。」（舵をとってみるか。）

と、おじいちゃんが声をかけました。

「え？　カジに触ってもいいの？」

おじいちゃんは苦笑いして、

「ほんのこちゃカジぢゃのしてカヂぢゃっどん、子供《こどん》になわからんどだいね。」（本当はカジじゃなくてカヂなんだが、子どもにはわからんだろうね。）

とつぶやき、舵の握り方を教えてくれました。

「じ」「ぢ」「ず」「づ」の四つの仮名のことを「四つ仮名」といいます。共通語では「しじみ」の「じ」と「縮み」の「ぢ」の発音は同じです。また、「涼む」の「ず」と「つづみ」の「づ」も同じ発音です。同様に「鼻血」の「ぢ」は「じ」と、「金づち」の「づ」は「ず」と同じ発音です。じつは、「ぢ」「づ」のような仮名遣いは、現代の日本語では例外的なもので、同じ音を繰り返す場合（「ちぢむ」など）と、二つのことばが合わさった場合（「はな」＋「ち」＝「はなぢ」）などだけ、このような書き方が認められているのです。

　奈良・平安時代には、「じ」と「ぢ」、「ず」と「づ」は違う発音でした。そのころは「舵」は「かぢ」と書いて「火事」とは違う発音をし（厳密にいうと、「火事」は「クァジ」と発音しました）、「藤」は「ふぢ」と書いて「富士（ふじ）」とは違う発音をしていたのです。室町時代ごろまでは、そのような四つ仮名の発音の区別がありましたが、時代を経るにつれて「じ」と「ぢ」、「ず」と「づ」は発音の上での区別が無くなってしまいました。先に述べたように、現代の仮名遣いでは、例外の場合を除き、「ぢ」は「じ」、「づ」は「ず」と書くことになり、表記上の区別もやめてしまったのです。

　しかし、アキラくんのおじいちゃんのように、九州の一部や四国の高知県などでは、今でも四つ仮名の発音を区別する人がいます。

　九州ではザ行の「じ」「ず」の最初に出る音（子音）は、口のなかに作られた狭いすきまを吐く息が通り抜ける時にできる音で、瓶の口に唇を当てて息を吹きかけるとホーという擦れた音が出ますが、それに似た音です。それに対して、ダ行の「ぢ」「づ」の最初に出る音（子音）は、口のなかで瞬間的に息をせき止めてその後勢いよく破裂させる音と、それに続いて先ほどのすきまを通り抜ける音が出ます。ダ行とザ行の発音の違いは破裂する音が有るか無いかの差です。

ちなみに、高知県の伝統的な発音では、「ぢ」「づ」は、短い鼻にかかる音に引き続いて破裂する音が起きる発音です。それに対して「じ」「ず」はすきまを通り抜ける音で発音して区別します。このように、九州や高知では、例えば次のような語句の「じ」と「ぢ」、「ず」と「づ」の発音が区別されるのです。

舵〈かぢ〉　藤〈ふぢ〉　⇔　三時〈さんじ〉　神社〈じんじゃ〉
静岡〈しづおか〉　小豆〈あづき〉　⇔　狡い〈ずるい〉　随〈ずい〉

このような発音の区別があるのは、九州ではどんなところかというと、佐賀県のほとんど、また長崎県では五島列島の南部、大分県では県西北部の日田・玖珠、および南部の南海部《みなみあまべ》郡の山間部、また鹿児島県のほとんどと、宮崎県の中部や南部です。熊本県ではこの区別は確認されていません。宮崎県・鹿児島県でも、熊本県に近いところでは、四つ仮名の発音が乱れていたり無かったりします。福岡県筑後地方では明治時代の報告には区別があったとありますが、現在ではもはや失われたようです。区別がある地域でも、地域ごとの違いや個人差があります。比較的しっかりとした区別ができるのは、七十代以上の高齢者です。

四つ仮名の発音の区別は年齢の若い人の間では、急速に失われていっています。しかし、それも、いっぺんに変わるわけではありません。まず、「じ・ぢ」のほうが「ず・づ」よりも、先に区別が消えていきます。そうすると「じ」と「ず」「づ」の三つを区別する、「三つ仮名」へと変化することになります。文献のうえでも、歴史的に「じ・ぢ」の区別が先に失われることが確かめられています。

現に、大分県の玖珠地方を中心に、「ず」と「づ」とのみを「ズ」「ドゥ」のように区別する方言があります。「つ」を「トゥ」と発音するため「づ」は「ドゥ」と発音されて、「ず」と区別されているわけです。これは、「三つ仮名弁」といわれています。

（杉村孝夫）

これが九州方言の底力！

九州方言には、奈良・平安時代に奈良・京都で発音されていた「歴史的仮名遣い」通りの発音が、今でも残っています。発音においても、古くからの日本語のきめ細かな使い分けが、大事にされてきたのです。日本語の伝統を保ちながら今に生きることば、それが九州方言です。

31 「こどんがねちょっ」と「こどんがねっちょっ」はどう違う?

動詞活用のはなし

鹿児島県南部のある農村です。隣の部屋から赤ん坊の泣き声が聞こえてきました。さっきまで寝ていたのに、どうやら目を覚ましたようです。それに気がついたおじいさんは、台所にいる赤ん坊のお母さん、つまりお嫁さんに向かってこう言いました。

「こどんが　ねちょっど」

目を覚ましたのに「ねちょっ」は変だと思われるかもしれませんが、鹿児島方言では「泣いている」を「ねちょっ」と言うのです。なぜこのように言うかというと、鹿児島方言では「アイ」という母音の連続が「エ」に変化するからです。例えば、「大根」は「でこん」、「野菜」は「やせ」、「無い」は「ね」。これと同じように、「泣いている」も「ないちょる→ねちょる→ねちょっ」と変化したのです。では、鹿児島方言で「寝ている」は何と言うのでしょうか。これは、「こどんがねっちょっ」です。「ねちょっ」と「ねっちょっ」で「泣いている」と「寝ている」を区別しているわけですが、今度はなぜ「寝ている」が「ねっちょっ」となるのかという疑問がわいてきます。この理由を考えるためには、動詞の活用全体をみる必要がありそうです。

共通語と鹿児島方言の活用を表1と表2に挙げました。二つを比べてみると、「寝る」という動詞は、共通語では「開ける」「閉める」と同じタイプ（下一段活用）ですが、鹿児島方言では「取る」や「成る」と同じタイプ（五段活用）になっています。五段活用では、後ろに「た」や「ちょっ（ている）」が続くと規則的に音便を起こします。鹿児島方言の「ねっちょっ」は、じつは五段活用動詞「寝る」の音便形だったのです。

ところで、鹿児島方言の「寝る」のように、共通語で五段活用でない動詞が方言で五段に活用する現象を「五段化」といいます。五段化は「寝る」以外の動詞にもみられます。例えば、鹿児島方言では、

よかふくきっちょいなー

（いい服を着ているね）

も、おきったか（もう起きたか）

表1　共通語の活用表

動詞	未然形	連用形	過去形	終止形	仮定形	命令
寝る	ねない	ねます	ねた	ねる	ねれば	ねろ
開ける	あけない	あけます	あけた	あける	あければ	あけろ
閉める	しめない	しめます	しめた	しめる	しめれば	しめろ
取る	とらない	とります	とった	とる	とれば	とれ
成る	ならない	なります	なった	なる	なれば	なれ

表2　鹿児島方言の活用表

動詞	未然形	連用形	過去形	終止形	仮定形	命令
寝る	ねらん	ねーもす	ねった	ねっ	ねれば	ねー
開ける	あけん	あけもす	あけた	あくっ	あくれば	あけー
閉める	しめん	しめもす	しめた	しむっ	しむれば	しめー
取る	とらん	といもす	とった	とっ	とれば	とれ
成る	ならん	ないもす	なった	なっ	なれば	なれ

のように言いますが、これは上一段活用の「着る」「起きる」が五段化したものです。

では、共通語の下一段活用動詞や上一段活用動詞が鹿児島方言ですべて五段化するかというと、そうではありません。例えば、「出来る」という動詞は「でけん、でけもす、でけた、でくっ、でくれば」と活用し、下二段活用になっています。

よか風《ふ》いでけた（いい具合に出来た）

あしたずいでくればよかが（明日までに出来ればいいよ）

五段化するか下二段化するかは単語の長さと関係があります。すなわち、二音節の「着る」「寝る」は五段化し、三音節の「出来る」「落ちる」は下二段化する傾向があります。ただし、「起きる」は五段化していますから、絶対というわけではありません。

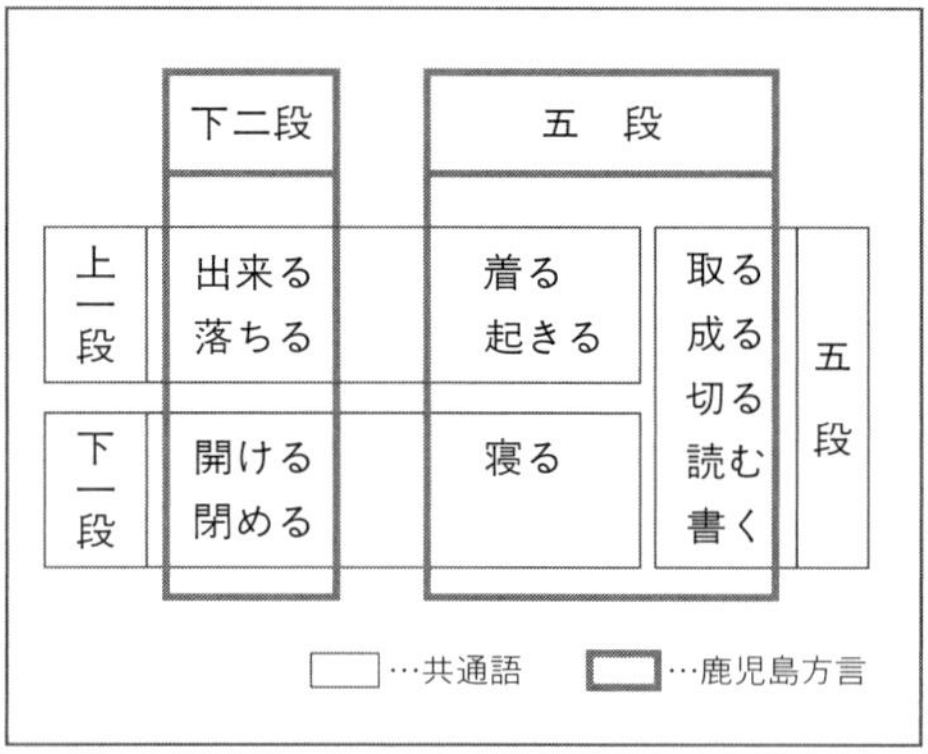

以上をまとめたのが右下の図です。共通語では五段・上一段・下一段の三種類の活用のタイプに属する動詞（図の細線）が、鹿児島方言では五段と下二段の二種類に収束しています（図の太線）。

さて、ここまで鹿児島方言の話をしてきましたが、同じような現象は九州全域にみられます。ただし、地域によって多少違いがあり、例えば、福岡県北部や熊本県では「寝ない」「起きない」は「ねらん」「おきらん」ですが、「寝た」「起きた」は「ねった」「おきった」にはなりません。「ねた」「おきた」です。一方、大分県や宮崎県では「起きる」が五段ではなく下二段になります。

まだおけん（まだ起きない）
もうおけた（もう起きた）
あしたは六時におくる（明日は六時に起きる）

また、薩摩半島南部では「為《す》る」が「せん（未然）、せた（過去）、すっ（終止）、せば（仮定）、せー（命令）」のように下二段化していて、下二段への収束が最も進んでいます。

（木部暢子）

これが九州方言の底力！

九州方言では動詞を五段活用と下二段活用の二種類に収束させる傾向がありますが、それでも意味の区別はきちんとできるようになっています。九州方言はことばの変化の最先端を走り、より合理的な文法へと向かっているのです。

32 孫に菓子を「くれる」

九州方言と東北方言

九州のある老夫婦が、東北地方の温泉地に旅をしました。夕食の席で、同年代の宿の主も交えて、みなでつい話し込み、たがいの孫談義に花が咲きました。そこで、「孫にお菓子を与える」ことを、東京などでは、「孫にお菓子をヤル」または「お菓子をアゲル」と言うのに、九州の夫婦は「孫サン菓子バ　クルル」、東北の宿の主は「孫サ菓子バ　ケル」と言うのにみなが気づき、面白がりました。共通語の「～に」を「～サン」「～サ」という点が似ていますし（**5**参照）、「菓子を」を「菓子バ」と言う点も共通しています（**25**参照）。それだけではなく、じつは、文末の「クルル」と「ケル」も共通語の「くれる」にあたる同じことばです。共通語なら「やる」「あげる」を使うところで、九州も東北も、「くれる」にあたることばを使うのです。

日本は東西、南北に長く、西南の九州の方言と一番隔たっているのは、開拓地の北海道は別として、東北方言であろうと思われています。それも、ある面では事実ですが、一方、案外、九州と東北は方言が似ている面も多いのです。この「やる」「くれる」などもその一例です。

このような類似現象は、中央からの共通語が、同じようになまって伝わったものも多少ありましょう。しかし、多くは、昔、京都などの中央のことばが、地方にも伝わり、九州や東北で古いものを残しているうちに、関西や関東など中央部が新しいことばを使うようになって、それが共通語となり、現代では、東北や九州の由緒正しい語形のほうが「方言」のように扱われているのです（35頁参照）。冒頭の、他に向かって「くれる」という言い方は、歌舞伎などの「さて、どうして呉れうか（呉れようか）」という台詞からわかるように、古い日本語の用法です。

以下、いくつか興味深い事例をご紹介しましょう。

「すがる」は『万葉集』にあり、「地蜂」を意味することばです。これは語形が「スガリ」と変化した後、東北へは空を飛ぶ「蜂」一般の意味にまで拡大しました。一方、九州の「スガリ」は、形が似ていて地上を這う「蟻」の意味に変化しています。それぞれの地域で、奈良時代とは一味違う内容として生き残っているものと考えられます。

中世以前の古語形容詞「おぞし」「おぞまし」は、九州では「エズカ」という語形になって、やや似た意味の「怖い」「気味悪い」に使われます。一方、東北では、「えずい」は、農作業などで下着に何か挟まったようでピッタリしないという肉体的感覚へと転用、発達したものになっています。もっとも、東北では、最近は「先生の脇に座って話し掛けられたがイズカッタ」などと、さらに、また精神的な方面に使う学生も増えたりしています。

「こわし」は、もともとは、精神的、肉体的、物理的に共通する「強」「剛」「硬」「こわばり」を含みうる広い意味だったと推測されます。ところが、関西や江戸で、気持ちがこわばることからか、「恐ろしい」ことを「コワイ」と言うようになりました。それと区別するため、肉体の疲れには「疲れた」という言い方を生み出したのです（「疲れる」＋助動詞「た」）。今日、「疲れた」という意味で方言の「コワイ」を使うと、何が怖いのかと誤解されてしまうことがあります。しかし、「怖い」、「恐ろしい」という意味は、東北と関東の俗語では「オッカナイ」、九州では「エズイ」「エズカ」「オゾイ」「オトロシカ」を使うので、これらの土地では、もともと、そんな誤解は起こらなかったはずです。

発音についても、東北と九州の共通点があります。一つだけ挙げましょう。

「火事」「火曜」などの漢語を「歴史的仮名遣い」どおりに「クヮジ」「クヮヨー」と発音して、「家事」、「歌謡」などと区別している人が、東北の北部から日本海沿岸を新潟にかけて、そして、九州全般に、昭和一桁以前生まれの人にみられます（30参照）。これは、近世までの京都の標準的な発音で、明治時代にも、正しい仮名遣い、発音として一種の標準となっていました。これらの地方では、発音も、仮名遣いも、誇りをもってそれを守ってきました。特に九州ではその意識が高かったようです。しかし、戦後の「現代かなづかい」による教育の結果、この区別のできる人は、七十歳以上の土地の知識層だけになってしまいました。

九州と東北は、以上のように、方言として似ている面もあるものの、やはり、語形や意味ニュアンスなど、微妙な違いがあります。総合的にみれば、単語の語形、語彙の意味的な区別、ニュアンス、文法上の言い分け、敬語、発音の種類などにおいて、東北方言はおおまか、おおらかなのに対して、九州は、より細かく、微妙な使い分けをしているようです。

これは、方言分布、区画においてもいえるようです。東北方面は、大きく北部や日本海側と、南部の太平洋側に分かれますが、一般に、同じような方言が東関東を含めて広大な原野に広まっています。一方、九州は、多くの離島はもちろん、福岡県など北部、瀬戸内海に面した東部、九州的色彩の濃厚な中部・西部、鹿児島県を中心とした独特な南部に大別され、さらに、細かい地域差が、旧藩ごと、谷ごとに刻まれています。それは単に、地形、行政だけでは説明できない歴史、文化が染み込んで現在の九州各地の方言が形成され、自己を主張しているようにもみえます。

それにしても、東北と九州の問題は、もっと深く、縄文文化という基層から、言語のみにとどまらない、人類学的視野で考えてみる必要がありそうです。

（加藤正信）

これが九州方言の底力！

九州方言と東北方言には、語彙、ことばの使い方、発音などに類似したものがあり、古来の日本語の伝統を受け継いでいる面があります。一方、微妙な差異も生まれており、それらを考察することは、日本文化の形成を考える上での重要な視点ともなり得るものです。

33 元気だったのに元気なかった？

宮崎方言の活用

昨日、てげ元気なかったね。

これは「昨日はすごく元気だったね」という意味。宮崎県宮崎市方言では、元気だったのに「元気なかった」と言います。宮崎県民はあまのじゃくで、反対のことを言っているのかと思いきや、そうではありません。これは形容詞や形容動詞の活用が共通語と違うために起きる現象なのです。

「元気」を例にすると、共通語では「元気だ・元気なら・元気だった」のようになりますが、宮崎市方言では「元気な（元気だ）・元気なけりゃ（元気なら）・元気なかった（元気だった）」のようになります（左表参照）。共通語では「元気」を語幹（活用しない部分）に活用しますが、

	終止形（言い切り）	テ形（〜で）	仮定形（〜なら）	過去形（〜た）
全国共通語	元気だ	元気で	元気なら	元気だった
宮崎市方言	元気な	元気なして	元気なけりゃ	元気なかった

宮崎市方言では「元気な」を語幹に「けりゃ（仮定）」や「かった（過去）」などが付いて活用するのです。「元気なかった」などは共通語では「元気が無かった」という意味になりますが、宮崎市方言では逆に「元気だった」のです。「元気なけりゃ」も共通語では「元気が無ければ」の意味ですが、宮崎市方言では逆の「元気なら」という意味になります。日常生活で「あのとき、元気なかったね」と言われると、関東出身の私などはわかっているはずなのに、思わず「いや、元気だったよ」と反応してしまいます。形容動詞のこのような活用は九州では宮崎県南部でみられ、また中国・四国地方では広くみられる現象です。

　同じ現象が形容詞にもみられます。例えば「高い」を例にすると左表のようになります。共通語では「たかい・たかくない・たかくなる・たかかった」のようになります。これが宮崎市方言では「たけ（高い）・たけね（高くない）・たけくなる（高くなる）・たけかった（高かった）」のようになるのです。すべて「たけ」を語幹に「ね（打消し）」や「かった（過去）」などが付いて使われていることがわかります。形容詞に関するこの現象は、宮崎県を中心とした九州南部と、東北という離れた地域で観察できます。九州と東北で同じ変化が起きたのです。

	終止形（言い切り）	打消し（〜ない）	連用形（〜なる）	過去形（〜た）
全国共通語	たかい	たかくない	たかくなる	たかかった
宮崎市方言	たけ	たけね	たけくなる	たけかった

上の図は形容詞に関してこのような現象が進行している地域を示したものです。色が濃い地域ほどこの現象が進行していることを表しています。周辺部には古いことばが残るといわれています（35頁参照）。確かに、動詞に関しては平安時代に行われていた古い活用（二段活用）が現在でも使われています。しかし、形容詞ではもっとも新しい活用に変化しているのです。同じ用言の活用でありながら、非常に古いものと新しいものが混在しているのです。

（早野慎吾・田中利砂子）

これが九州方言の底力！

九州では、動詞は古い二段活用がいまだに使われていますが、形容詞・形容動詞ではもっとも新しい活用がみられます。同じ用言の活用でありながら、古いものと新しいものが混在しているところにも九州方言の面白さがあります。

「酸漿」を何と読む？

オ段の長音

「酸漿」を何と読みますか？　夏に朱《あか》い袋状の実をつける植物で、種を取り出して口のなかでキュッキュッと鳴らして遊びます。答えは「ホーズキ」、九州では「フーズキ」です。[oː]の発音を[uː]または[u]と発音するのが九州方言の特色です。ほかにもキューー（今日）、キヌー（昨日）、サンシュー（山椒）、ツージ（冬至）などたくさんの例があります。

九州方言には[oː]と発音する語もたくさんあります。サトー（砂糖）、ヨーシ（養子）、ショーガツ（正月）、トージ（湯治）などがその例です。

どの語が[oː]になりどの語が[uː]になるかは、室町時代の京都語との間にきれいな対応関係があります。例えば、例に挙げた「砂糖」「養子」「正月」「湯治」は、室町時代には「さたう」「やうし」「しやうがち」「たうじ」のように[au]という音で表記されています。一方、「今日」「昨日」「山椒」「冬至」は、「けふ」「きのふ」「さんせう」「とうじ」のように[eu][ou]などの音で表記されています。前者をオ段の開音《かいおん》、後者をオ段の合音《ごうおん》といいます。九州方言は開音を「オー」で、合音を「ウー」で今に伝えているのです。

（木部暢子）

34 生徒が並うどる

バ・マ行動詞のウ音便

校庭に生徒たちが並《なろ》うどるばい。なんごとのありよーや
（校庭に生徒たちが並んでいるよ。何があるのだろうか。）

これは博多方言の例ですが、「並んでいる」を「なろうどる、なろうじょる」のように言うことは、九州全域にみられる特徴です。「どる」は共通語の「ている」にあたります（**17**参照）。ここでは、動詞が「並ん」ではなく「並《なろ》う」となっている点についてみていきたいと思います。同じ例をもう少し挙げてみましょう。

飛行機が　①とうでいった。②つうじいった。（飛んでいった）
子どものころはよく　①あそうだ。②あすうだ。（遊んだ）
昨日はたくさんお酒を　①のうだ。②ぬうだ。（飲んだ）
妹に手伝いを　①たのうだ。②たぬうだ。（頼んだ）

いずれも共通語で「ん」となるところが「う」になっています。「ん」になることを「撥音便」、「う」になることを「ウ音便」といいます。九州方言では「並ぶ」「飛ぶ」「遊ぶ」などのバ

行五段動詞や「飲む」「頼む」などのマ行五段動詞が撥音便ではなくウ音便になるのです。①と②の違いはオ段長音の発音のしかたの違いによるもので、「ホーズキ」を「フーズキ」と言うのと同じです（151頁参照）。

ウ音便といえば、「買う」も「こうて」のようにウ音便になります（10参照）。「買う」はワ行五段動詞（古典語のハ行四段動詞）ですが、「こうて」は東日本の「買《か》って」に対立する語形として、広く西日本全体に広がっています。九州方言ではこれに加え、バ行・マ行五段動詞もウ音便になるというわけです。

このバ行・マ行五段動詞のウ音便のルーツは、鎌倉・室町時代の京都のことばに求めることができます。次に挙げるのは、十六世紀後半に日本へやってきたポルトガルの宣教師たちの手になる『天草版《あまくさばん》伊曾保《いそほ》物語』（「イソップ物語」の日本語訳）に出てくる例です。「及ぶ」「苦しむ」「つかむ」といったバ行・マ行動詞がウ音便になっています。

酒宴のなかばにおようだ時（酒宴が半ばに及んだ時に　「鼠のこと」）

くるしうで悔むは畜生のわざぞ
（苦しんで後になって悔やむのは犬や猫など畜生のすることだ　「鳶と鳩のこと」）

かのねずみをつかうで宙にさし上げた
（そのねずみをつかんで空中につるしあげた　「獅子とねずみのこと」）

『天草版伊曾保物語』が印刷されたのは九州の天草ですが、書かれていることばはすべて都のことばです。したがって、これらの例は室町時代の京都でバ行・マ行の四段動詞がウ音便を起こしていたということを表しています。京都ではその後、ウ音便が撥音便に変化し、これらの語は「及んで」「苦しんで」「つかんで」に変わっていきましたが、九州方言ではいまだに室町時代のウ音便形を残しているのです。

ただし、現代九州方言ではバ行・マ行五段動詞のすべてがウ音便になるわけではありません。例えば、「産む」「摘む」「住む」などは「ううだ」「つうだ」「すうで」ではなく、「うんだ」「つんだ」「すんで」です。じつは、『天草版伊曾保物語』のなかにも、マ行四段動詞がウ音便でなく撥音便になる例があります。

　ある犬肉叢《ししむら》をふくんで（ある犬が肉のかたまりを口にくわえて　「犬が肉をふくんだこと」）

　わが一門の衣装をぬすんで（私の一門の者の衣装を盗んで　「孔雀と烏のこと」）

　たぶらかいて取らばやとたくんだが（だまして取ろうとたくらんだが　「烏と狐のこと」）

これらに共通しているのは、「ん」の前の音が「く」や「す」といったウ段の音であるということです。もし、仮にこれらがウ音便をになったとすると、「ふくうで」「ぬすうで」「たくうだ」のように「う」の母音が続き、語形がわかりにくくなってしまいます。そのために、ウ音便ではなく撥音便になったのだといわれています。九州方言もこのルールを引き継いでいるわけです。

また、九州方言ではバ行動詞とマ行動詞でウ音便の傾向が異なることがあります。例えば、鹿児島県トカラ列島の中之島方言では、バ行動詞はほとんどがウ音便になりますが、マ行動詞は、

ウ音便　…編《お》うだ、噛《こ》うだ、込《こ》うだ、飲《の》うだ、揉《も》うだ、囲《かこ》うだ、沈《しず》うだ、進《すす》うだ、挟《はそ》うだ

撥音便　…産んだ、住《す》んだ、摘んだ、積《つ》んだ、踏《ふ》んだ、止《や》んだ、畳《たた》んだ、よがんだ(歪んだ)

のように、ウ音便になる動詞と撥音便になる動詞の二つに分かれます。逆にここから、室町時代の京都語のウ音便の状態を探ることも可能になってきます。

ところで、共通語にもマ行五段動詞のウ音便の例があるのをご存じでしょうか。それは「たとうし」です。「たとうし」というのは、和服をタンスにしまうときに着物を包む和紙のことですが、「畳《たた》み紙《し》」が語源で、「たたみし→たたうし→たとうし」と変化したものです。伝統的な単語のなかに古い語形が残った、貴重な例といえるでしょう。

（藤田勝良・木部暢子）

これが九州方言の底力！

「飛ぶ・飲む」といったバ行・マ行動詞は、鎌倉・室町時代にウ音便を起こして「とうだ・のうだ」となりました。その後、京都ではこれらが「とんだ・のんだ」に変化しましたが、九州方言は変化する前の室町時代の状態をよく保存しています。このことから、九州方言は、文献では知ることのできない昔の日本語を探る手がかりとなるともいえるでしょう。

35 アクセントが無い！

宮崎方言の音調

新宿のとある喫茶店で、ある女性が右のように発音するのを耳にしました。文字表記だけなら共通語と同じなのですが、音調（音の高低の調子）が違います。宮崎方言の音調は特徴的で、その音調を聞いただけで宮崎出身者とわかります。私はその女性に恐る恐る「宮崎の方ですか」と話しかけると、宮崎県国富町出身の方でした。「ことばには気をつけていたのですが、わかりましたか」と心配そうに言うので、「私も宮崎から来ましたから」というと、ほっとした表情を浮かべていました。

きのうもうどんだったよね　（昨日もうどんだったよね）

宮崎県はそのほとんどが無アクセント地域に属しています。共通語で「雨」と発音した場合、「あ」から「め」にかけて音の高さが下がります。しかし、「飴」の発音では音の高さは下がりません。「雨が」を発音をした場合、次のようになります。

このような単語の音の高低に関するきまりをアクセントといいます。無アクセントとは、そのような単語における音の高低のきまりがないことを意味しています。左上の図は全国のアクセント分布の概略を示したものです。無アクセント地域は、全国に散在していますが、図に示したとおり、面積的には東北地方南部から北関東までの地域と九州中部域で、そのほとんどを占めています。日本語アクセントの体系は、京阪式アクセント・東京式アクセント・無アクセントに大別できます。図から、京阪式アクセント域を中心に東京式アクセント域が囲むように広がっており、さらにその周辺に無アクセント域が広がっていることがわかります。アクセントの系統に関しては諸説ありますが、京阪式アクセント↓東京式アクセント↓無アクセントと変化したとする説が主流です。この説に従うと、日本語アクセントで、もっとも変化したのが無アクセントということになります。

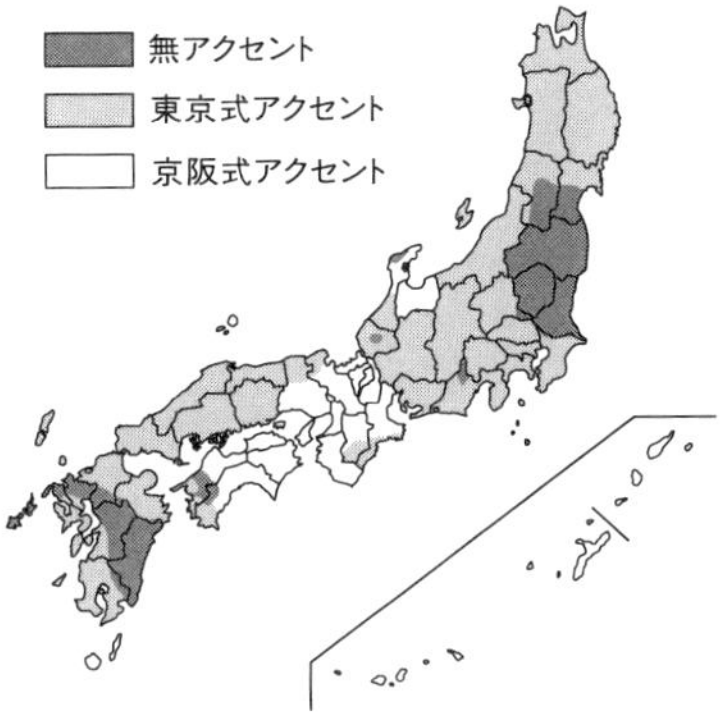

宮崎方言は単語レベルのアクセントはないのですが、文全体の音調には特徴的なパターンがいくつか観察できます。

冒頭の話で、喫茶店に居合わせた女性が宮崎県出身であることがわかったのは、その特徴が観察できたからです。例えば、簡単な文を読み上げると次のようになります。

うたがうまい　（歌がうまい）

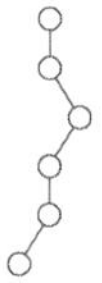
いぬがあるく　（犬が歩く）

最初が低く始まり、主語を含む句末の「が」（助詞）の部分だけ高く発音されるのが、もっとも特徴的です。冒頭の発話では「昨日も」の「も」だけが高く発音されています。例えば自然談話では、次のようになります。アクセントではないので、必ずその特徴が出るわけではないのですが、はっきりと観察することができます。そのほかに、単語の最初の部分を高く発音して、その単語の意味を強調するパターンなどもあります。

もーこのひとわたしも　さんじゅーねんそこにつとめたかいねー
（もう、この人と私も、三十年そこに勤めたからね）

東北南部から北関東にかけての無アクセントでは、これと音調のパターンが異なります。次の例は北関東の茨城県玉造町で録音した会話の音調です。玉造町方言では、文の始まりで音調が高くなり、その音調がしばらく続いて、文の終わりで低くなります。単調な音調が続くので「一本調子」といわれることもあります。

こどものころのみずあそびってのがすきなんですよ

（子どもの頃の水遊びっていうのが好きなんですよ）

はなのあたまがまっかにやげでな

（鼻の頭が真っ赤に焼けてな）

北関東や東北地方の無アクセントは、このパターンが基本ですが、その他にも多くのパターンが観察できます。先ほど、宮崎県南部方言のパターンを説明しましたが、延岡市などの宮崎県北部では北関東に近いパターンが観察できます。宮崎県南部方言の主語を含んだ句の末尾が高く発音されるパターンは、宮崎県都城方言の有名な尾高一型アクセントの発音と近いものです。

無アクセントの音調に関しては、単語を区別する働きはありませんが、句や文を一つにまとめる働きをもっています。また、無アクセントといっても、その音調パターンは一つではありません。今後は、それらの音調パターンを分析し、それぞれのパターンの機能を明確にすることが課題となります。

（早野慎吾）

これが九州方言の底力！

宮崎県方言の大半は無アクセントですが、音調は特徴的で、その働きは句や文をまとめる重要な役割を果たしています。そして、発話理解に大きく役立っているのです。

36 朝もはよから、がまだすなー

九州方言になった仏教用語

まだ朝の七時だというのに、隣のおじさんがもう畑で作業をしています。

「朝もはよから、がまだすなー。」

と、思わず声をかけたら、にこにこ笑って手を振ってくれました。

「がまだす」は福岡県や熊本県、佐賀県、長崎県、大分県などで使われる「がんばる、精出す」という意味のことばです。右のあいさつは、「朝も早くから、精が出ますねー」という意味になります。

ところで、「がまだす」の「だす」は「出す」だとして、「がま」は何なのでしょうか。じつは、これは不動明王が悪魔を降参させるという意味の「降魔（がま・ごうま）」に由来するといわれています。不動明王というのは仏教の五大明王の一人で、忿怒《ふんぬ》の形相で火焔の中に立ち、心の内外の悪魔を払う王のことです。日本では「お不動さん」の愛称で親しまれていますが、この怖い形相を「降魔の相」といいます。『源氏物語』東屋の巻に、「がまの相を出《い》だしてつと見奉りつれば（不動明王のような怖い顔つきをして、じっとにらんでさしあげましたら）」という例が出てきます。浮舟に言い寄ろうとした匂宮を浮舟の乳母がにらみつける場面です。九州方言の「がまだす」は、この「がまの相をいだす」から出来た表現だと思われます。歯を食いしばり、目をむいてがんばっている表情を不動明王の降魔の形相にたとえたのです。

別の語源説に、「我慢」＋「出す」（がまんだす）の「ん」が落ちたものというのがあります。江戸時代の久留米藩の儒学者、野崎教景が著した久留米方言辞典『久留米はまおぎ』（一八五〇年頃）では、「がまだす」を「我慢出す也」と説明しています。また、同じく江戸時代の肥後の菊池神社の社司、長田穂積が著した『菊池俗言考』（一八五四年）では、「働き者」を称える言い方として「がまだしもん」をあげ、「我慢トハ人ヲ悔自《まま》慢ヲ云称ナレトモ是ニ云ハ家業ニ慢《ほこ》ル意ナルヘシ」と述べています。

熊本県南部や宮崎、鹿児島で使われる「ぐらしー」「ぐらしか」も仏教用語に由来することばです。意味は「悲しい、つらい、かわいそうな」で、

かかさーのけしんみゃったち。ぐらしかなー。

（お母さんが亡くなったんだって。かわいそうだねえ。）

のように使われます。仏教で、前世の善悪の行為によって現世で受ける応報のことを「業《ごう》」といいますが、これに「らしい」が付いた「業らしい」が語源です。「自業自得」「非業の死」のように、「業」には悪い、悲しいイメージがありますが、悪いこと、悲しいことを人の「業」として捉え、それを耐え忍んでいる様子に心が痛むといった表現です。

福岡県、佐賀県、長崎県、熊本県で「意外にも、思いのほか」の意味で使われる「じんべん」も仏教関係のことばで、次のように使います。

絶対合格せんておもとったばってん、じんべん合格したな。
（絶対に合格しないと思っていたけれど、意外にも合格したな。）

語源は、めったにないことが発生するという意味の「神変」です。『今昔物語集』（巻二第三二話）に「王ノ前ニシテ飛テ虚空《こくう》ニ昇テ神変ヲ現ズ（王の前で飛んで大空に昇って不思議な現象を引き起こした）」の例があり、また、室町時代に日本へやってきたポルトガルの宣教師たちが作った日本語とポルトガル語の辞書、『日葡《にっぽ》辞書』（167頁参照）にも、「まれな、不思議なこと」という説明があります。もともとは、めったにないことや不思議な体験を表すときに使用されていたようですが、後に驚き、意外な気持ちを表すことにも使用されるようになり、これが九州方言に残っているわけです。

福岡県、佐賀県、熊本県などで使われる「ばさらか」も仏教関係のことばです。

すらごつばっかつで、あんやつはばさらっか。（嘘ばかりで、あいつはいいかげんだ。）

のように、「おおざっぱな、いい加減な」の意味で使用されます。サンスクリット語（紀元前五世紀～四世紀頃のインド北西部のことば）のvajra（金剛、ダイヤモンド）が語源で、室町時代には京都でも流行語として盛んに使われました。例えば、十四世紀後半に書かれた『太平記』（巻二一）に出てくる「佐佐木佐渡判官入道々誉が一族若党共、例のばさらに風流をつくして」の「ばさら」は、「派手に見栄を張って」の意味です。派手に見栄を張ることは、自由奔放で常識から逸脱していることにつながり、しだいに「おおざっぱな」「いい加減な」といった意味を表すようになりました。

宗教と直接関係があるわけではありませんが、「ばさら」と似た発想から生まれたことばに、「こーかる」があります。意味は「自慢する、いばる」で、主に福岡で使われます。語源は、高尚で華やかなこと、気高く雅やかなことを表す「こーか（高華）」または「こーが（高雅）」ですが、持ち物、衣服が華やかなさまを「自慢している」「威張っている」ものと見なし、皮肉まじりに「こーかる」というようになったのでしょう。表面的な派手さや高価さを嫌う、九州人の精神のあらわれではないでしょうか。

（村上敬一）

これが九州方言の底力！

九州方言には、「がまだす」「ぐらしー」「じんべん」「ばさら」など、仏教用語に由来することばがたくさんあります。仏教用語だとわかって使われているものばかりではありませんが、方言のなかに仏教精神がしっかりと息づいています。

37 「ぼーぶら」「どんたく」「びーどろ」

外来語と九州方言

日本本土の最西端に位置する九州は、周囲を海に囲まれていて西海岸からは東シナ海を望むことができ、大陸との交流には好都合の位置にあります。このような地理的な理由から、九州はたくさんの外来語を取り入れてきました。それは十六世紀半ばに始まります。一五四三年のポルトガル船による種子島への鉄砲伝来と、一五四九年、フランシスコ＝ザビエルらが鹿児島に来航してキリスト教を伝えたことがさきがけとなりました。

現在も使用されている外来語由来の九州方言をいくつかみてみましょう。まず、博多の方言の「あおすたんぼーぶら」は、標準語の「青びょうたん」のことで、やせて顔色の悪い人のことをあざけっていうときのことばです。「あおすたん」は「青びょうたん」をもじったもの。「ぼーぶら」は「カボチャ」の方言形で、九州全域で聞くことができます。これは、ポルトガル語のabōboraが起源と考えられます。熊本の民謡「おてもやん」の歌詞にも、

春日《かすが》　ぼうぶらどんたちゃ
尻ひっぴゃーで　花盛り　花盛り

のように「ぼーぶら」が登場します。春日は地名で、現在のＪＲ熊本駅のあたり、昔はカボチャの産地でした。

次に、「どんたく」。福岡市で、毎年五月三、四日に開催される「博多どんたく」は、例年二〇〇万人の見物客で賑わうお祭りです。ゴールデンウィーク期間中の人出としては全国トップクラスで、ご存じの方も多いと思います。「どんたく」は、オランダ語 zondag（休日）に由来します。一一七九年に小正月の松囃子として始まったものを、一八七九年から「どんたく」と呼ぶようになり、今日につづいているものです。週休二日制が定着する以前、土曜日は午前中仕事で、午後休みでした。これを「半どん」と言いますが、「半日どんたく」を縮めたものです。

次に「ばんこ」。最近はあまり見かけなくなりましたが、ひと昔前までは、夏の夕涼みに欠かせなかった、畳一畳ほどの大きさの腰掛け、足つき台座です。これを九州北部では「ばんこ」といいます。ポルトガル語のbanco、オランダ語のbankが起源です。北原白秋の「柳川風俗詩」に、

うらの　ばんこに　いるひとは（裏のばんこに座っている人は）

という一節がありますが、白秋は福岡県柳川の人です。

長崎方言では、ガラス製品を総称して「びーどろ」といいます。長崎の民芸品として、カラフルな色合いを思い出される方も多いと思います。また、歌麿の浮世絵「びいどろを吹く女」を思い出される方もいるかもしれません。この語源は、ポルトガル語の vidro です。ガラス製品伝来

の地長崎を象徴する方言だといえます。「びーどろ」を「つらら」の意味で使う地域が、長崎県の五島、鹿児島県、紀伊半島南部、伊豆三宅島にあります。「つらら」をガラスにたとえた、しゃれたい言い方ですが、船の交流により、これらの地域に広まったものと思われます。

　このほか、中国語由来のことばもたくさんあります。例えば、「落花生、南京豆」のことを長崎で「ろーはっせん」といいますが、「落花生」の中国語読み「ローフヮーセン」から生じたものです。天草に行くと「どーはっせん」「どーはっしぇん」となります。九州北部では、「台ふき」のことを「ふいきん」と言います。これも、「鉢盂巾」の中国語読み「ホイキン」が語源です。「ふいきんで台を拭いて…」のようにいうことが多いので、「拭く＋巾」が「ふいきん」の語源と考えられることも多いのですが、これも中国から渡ってきた外来語です。有名なのは、卓袱《しっぽく》料理の「しっぽく」です。円卓を囲んで大皿に盛りつけられた料理を取り分けて食べる方式の料理ですが、「卓袱」は、本来は食卓を覆う布を表すといわれています。

（村上敬一）

これが九州方言の底力！

大陸の玄関口としての九州は、古くから様々な外国文化を受け入れ、日本文化を牽引してきました。「ぼーぶら」「どんたく」「びーどろ」など、ことばの面でも多くの外来語を取り入れ、今も方言として、生活のなかに根づいています。

日葡辞書

四〇〇年前の九州方言も

今から約四〇〇年以上も昔、日本にキリスト教を広めようとして来日したヨーロッパ人の宣教師たちがいました。彼らは懸命に日本語を学んで、「キリシタン資料」と呼ばれる、日本語に関する大変貴重な資料をいくつも残していきます。そのうちの白眉といわれるのが『日葡辞書』という、当時の日本語を当時のポルトガル語で説明した対訳辞書で、約三万二八〇〇語が収められています（慶長八年一六〇三年、長崎学林刊。補遺は翌年刊行）。

収録された語には、「文章語、雅語、歌語、女性語、幼児語、仏教語、…」などといった詳しい注記もあり、当時、日本で書かれた資料ではわからない、個々の語についての、非常に詳しい情報が得られます。

また、「方言」についても、当時、都のあった上方のことばには「上《かみ》」、九州のことばには「下《しも》」とコメントが付けられて四六五語が収められており、そのうち九州の方言としては約三〇〇語が収録されています。

しかも、この辞書の日本語はすべてローマ字書きにされていますから、当時の発音が明瞭に再現できるというメリットもあります。いわば、〝方言のタイムカプセル〟になっているのです。

（日高貢一郎）

38 どれにしようかな

子どもの遊び歌と九州方言

どれにしようかな、天の神様の言うとおり……

子どものころ、この後にどのようなことばを続けていましたか？　これは、子どもたちが遊びのなかで、複数のものから一つを選ぶときに唱える歌で、「選び歌」と呼ばれることがあります。歌い出しはこの歌詞が一般的ですが、その後にさらに付け加える歌詞には、全国的にさまざまなバリエーションがあることがわかってきました。九州でも同様で、たくさんのパターンがありますが、地域によってある程度決まった表現が分布していますので、それを紹介しましょう。

まず、「ゲゲゲのゲ」とか「ゲゲゲの鬼太郎」とか「ゲゲゲのあぶらむし」のように、「ゲゲゲ」で始まる言い方が、北九州市や豊前市、中津市、大分市などの九州東北部に広く分布しています。これらの後に、さらに「ごはん粒」とか「柿の種」とか「赤とんぼ」などの語がいろいろくっつく場合も少なくありません。この「ゲゲゲ」と関係ありそうなのが、「ケケケ」で始まる言い方で、これは九州中北部を中心に、あちこち散在しています。

次に、「真っ黒ケッケのケッケケッケ」で始まる言い方が、熊本市を中心に熊本県各地に分布していて、かなり明瞭な勢力範囲を持っているようです。この後に「ごはん粒」や「柿の種」「あぶら虫」「赤とんぼ」などの語が自由に付くのは、「ゲゲゲ」の場合と同様です。これに似た言い方で「真っ黒ケのケッケッケ」というのもあり、これは福岡県が中心のようです。熊本では、また「柿の種」から始まる言い方もあちこち分布しているようで、他県ではあまりみられません。

次に、「天の神様の言うとおり、一、二、三…」というように、一から三とか、一から五、または一から十までの数字を並べて唱える言い方も各地に分布しており、特に長崎県に多いようです。また、「ぶたしてぶたして」とか「ぶとしてぶとして」ということばで始まる言い方が、福岡県、佐賀県、大分県に分布しています。

さらに、「鉄砲うってバンバンバン」ということばで始まったり、途中にこのことばを入れたりする言い方が、福岡県や大分県を中心とする東九州に分布していますが、これは全国各地で使われているようですので、東の方から九州に入って来たものかもしれません。

その他、分布する範囲は限られていますが、面白い始まり方のものを挙げておきましょう。

あっぷっぷのぷ（福岡県直方市）、ねこねここねこ（長崎県諫早市）、

へへへのもへじ（長崎県佐世保市）、すってんてんのすってんてん（熊本県下益城郡）、

ぎっこんばったん（熊本県阿蘇郡）、おっぺけぺーのぺっぺっぺ（熊本県菊池郡）、

あべべのべ（熊本県熊本市）、すっけらけのすっけっけ（宮崎県日向市）、

ピンポンパンポン（鹿児島県串木野市）

この「選び歌」とは違いますが、子どもたちがよく口にする遊び歌に、相手を非難したりからかったりするときの言い方があります。例えば、共通語の、

いけないいけないいけないいけないいんだ、先生に言ってやろ。

という言い方です。この「いけないんだいけないいんだ」の部分も地域的なバリエーションがあります。「いけないんだいけないいんだ」や「いいのかないいのかな」や「いいんですかいいんですか」のように共通語的な言い方も少なくありませんが、共通語の「しらないよしらないよ」に相当する表現に、方言の混じった言い方が各地でみられ、やはり地域による違いがあるようです。

まず、西日本方言の打ち消し表現を用いた「しーらんぞしーらんぞ」が、九州各県で用いられていますが、これは九州独自の表現ではありません。これに類した言い方に「しーらんどしーらんど」があり、熊本県、宮崎県、鹿児島県で用いられています。

次に、九州独特の終助詞「ばい」「たい」を最後に付けた「しーらんばいしーらんばい」「しーらんたいしーらんたい」という言い方が福岡県、佐賀県、長崎県、熊本県で広く用いられています。これに類した言い方に、「しーらんたいこーらんたい」があり、長崎県でよく使用されます。

そのほか、調査した範囲では、次のような言い方も見つかりました。

「しーらんべしーらんべ」（福岡県北九州市、熊本県菊池郡、熊本県熊本市）
「しーらんぺしーらんぺ」（福岡県福岡市、大分県中津市）
「しーらんめしーらんめ」（福岡県筑紫野市、大分県臼杵市）
「しーらんけしーらんけ」（福岡県遠賀郡）
「しーらんてしーらんて」（長崎県福江市）
「しーらんじゃしーらんじゃ」（熊本県牛深市）

このように、子どもたちの遊び歌にも「方言」があり、地域によってバリエーションがあります。九州各地には、共通語とはかなり違った独特の表現や、「ばい」「たい」のような九州方言を用いた歌詞がみられ、九州っ子たちの日常のなかに溶けこんでいるのです。

（坂口　至）

これが九州方言の底力！

「どれにしようかな…」という選び歌や、「しーらんばいしーらんばい」といった相手を非難する歌など、子どもの遊び歌の世界も、ユニークな九州方言の宝庫です。毎日の遊びのなかで、子どもたちはその土地のことばを空気のように呼吸し、知らず知らずのうちに地域ならではの人間関係や文化を学んでゆくのです。

39 ブルドックが、くやしむじょかなー

種子島の微妙な褒めことば

種子島に暮らす仲の良いいとこから電話がかかってきました。他愛のない近況をおしゃべりしているうちに飛び出したのが、「くやしむじょかと」という謎のことば。どうやら、隣の家で飼い始めたブルドックのことを言っているらしいのですが…。

「くやしむじょか」は、「くやしか」と「むじょか」が組み合わさったことばです。まず、「くやしか」「むじょか」それぞれの意味から説明していきましょう。

「くやしか」は、共通語の「くやしい」とは少し意味あいが違い、腹立たしさ、残念さを表すだけでなく、「見苦しい、不恰好だ」という意味でよく使われます。見た目の調和が悪く、整っていないという感じです。例えば、力仕事に従事している体格のいい人が、握手をするとき自分の手がごつごつしているのを気にして、

おいが手は、くやしかなあ。(俺の手は見苦しいなあ。)

というように使います。また、自分の字に自信がない人が、

なっちゅーくやしかまー。おいもよみーならん。(何という悪筆だろう。自分でも読めない。)

と自嘲気味に言ったりします。

次に、「むじょか」です。これは「愛らしい」「かわいい」という意味で、鹿児島県内の地域によっては「むじ」「むぜ」などとも言います。「枕草子」に「うつくしきもの」という章段がありますが、そのなかで清少納言が述べている感覚こそ、「むじょか」にほかなりません。つまり、幼い子どもの仕草などが、典型的な「むじょか」です。

では、この背反するような「くやしか」と「むじょか」を組み合わせた「くやしむじょか」はどのような意味になるのでしょうか。

そこで、冒頭のブルドックのような例が出てきます。あのような姿形でも、なんともいえない愛嬌がある場合は、まさに、「くやしむじょか！」ということになります。これが、神経質にほえたりする犬なら、「むじょげのなか」（可愛げがない）と言われてしまいます。良いか悪いかという二者択一ではない、九州方言の奥行きと幅広さを感じさせる感覚表現です。

（植村雄太朗）

これが九州方言の底力！

「くやしか」は「見苦しい、不恰好だ」、「むじょか」は「愛らしい、かわいい」を意味します。「くやしむじょか」は、種子島地方で盛んに使われる、「見かけが整っているわけではないけれども、愛らしくかわいい」という、微妙な感覚を表すことばです。

40 ほんなこて　にがさー

肥筑方言の詠嘆表現

にがーい薬を、目をつぶって口に入れ、ぐっと水で流しこむ。

「ほんなこて　にがさー」

うわあ、苦いなあ！　という心の叫びがとてもよく表れた言い方だと思いませんか？　これは熊本県鹿本郡植木町の男性から教えてもらった表現で、「とてもにがいこと」を詠嘆的に表しています。この「にがさー」のように「さー」という語尾を使って、呼びかけるように詠嘆の気持ちを表す言い方は、日本語のなかでも珍しいものです。

九州の西側の、福岡・佐賀・長崎・熊本の四県の方言を「肥筑《ひちく》方言」といいますが、この肥筑方言の範囲のなかでしか、この「さー」を聞くことはできません。沖縄県や鹿児島県の奄美地方にも「くぬ花ぬ　きょらさー」（この花のきれいなことよ、鹿児島県大島郡瀬戸内町）のように、似ている言い方があるものの、同じものと断定できるどうか、まだ明らかになっていません。全国のほかの地域にはこの「さー」という言い方はないようです。

「ほんなこて」は共通語の「とても」に意味が近いことばで、程度を表す副詞です。「にがさー」の「さ」は、「美しさ」「楽しさ」の「さ」と同じもの、つまり、形容詞を名詞にする接尾語と考えられます。この「ほんなこて　にがさー」という言い方は、「ほんなこて」という程度を表す副詞が「にがさ」という名詞に直接つながっているところに、文法的な面白さがあります。一般的には、「とても」のような程度を表す副詞は、名詞に直接つながることはありません。

同じつながりのものに、次のような例もあります。

ちょっと　高さー。（とても［値段の］高いことよ。）　佐賀県武雄市

おっとろしか　このお茶　あったっさー。（このお茶、とっても熱いことよ。）　長崎県諫早市

まっこて　こん子の　せからっさー。（この子のとてもうるさいことよ。）　熊本県天草郡倉岳町

「ちょっと」「おっとろしか」「まっこて」はいずれも、共通語の「とても」の意味に近いことばです。これらの程度を表す副詞も「さー」といっしょに使われることがあるのです。

「さー」を使った詠嘆の言い方は、程度を表す副詞をともなわないものが普通です。

せからっさ。（［蝿が顔の周りでぶんぶんいって］うるさいことよ。）　福岡県久留米市

すっぱさー。（［梅干しを食べて］すっぱいことよ。）　福岡県大野城市

右のような一語の例がもっとも多く聞かれます。また、

夕陽の　赤さー。（夕陽の赤いことよ。）　佐賀県藤津郡太良町

こん鯛の　うまさー。（この鯛の美味しいことよ。）　熊本県八代市

のように、「夕日」や「鯛」などのことばと「赤さー」や「うまさー」を助詞の「の」でつなぐ場合もよくあります。助詞が「が」や「は」になることはほとんどありません。地域によっては、

夕陽の　きれーさー。（夕陽がきれいなことよ。）　長崎県長崎市

冷たかビールば　飲みたさー。（冷たいビールを飲みたいことよ。）　佐賀県藤津郡太良町

なども可能です。前者は、形容動詞の「きれいだ」に「さ」が付いた形、後者は、動詞＋助動詞の「飲みたい」に「さ」が付いた形です。もう少し複雑な例としては次のようなものもあります。

品もんは　良かばってん　高さー。（品物は良いけれども［値段の］高いことよ。）　熊本県山鹿市

だいでん　おらんけん　とぜんなさー。（誰もいないのでさびしいことよ。）　佐賀県佐賀市

広か庭の　あるけん　うらやまっさー。（広い庭があるのでうらやましいことよ。）　熊本県八代市

逆接を表す「ばってん」や理由を表す「けん」によって複文が作られ、「さー」がまとめています。

この「さー」という詠嘆の表現は、奈良時代末期につくられた、日本最古の歌集である『万葉集』などにも見られます。

防人《さきもり》に　行くは誰《た》が背《せ》と　問ふ人を　見るがともしさ　物思《ものもひ》もせず（「防人に行くのは誰の夫」

と聞いている人を見るとうらやましいことよ。人の気持ちも考えずに。）〔万葉集 四四二五番歌〕

この歌の「さ」と肥筑方言の「さ」とは同じものであると、以前よりいわれてきました。確かに、文法的な特徴から考えると、同じ働きをしています。『万葉集』のなかで使われていることばと現代の九州方言で使われていることばとを即座につなげて、「九州には『万葉集』の時代の古い表現が残っている」と断定してしまうのは乱暴にすぎるでしょう。しかし、とても興味深い類似であることは間違いありません。

「さー」という詠嘆表現は、福岡県の西・南部、佐賀県、長崎県、熊本県などで広く使用されていたという記録がありますが、現在は使わない地域が増えてきました。琉球方言や『万葉集』で使われていることばとの類似などから、もしかすると、古い時代の日本語の秘密を解く鍵になるかもしれない方言独特の言い方だけに、使われなくなってしまうのは惜しいことです。

（濱中　誠）

これが九州方言の底力！

「ほんなこて にがさー」「夕陽の 赤さー」など、「さー」は「〜ことよ！」という詠嘆を表す肥筑方言です。琉球方言に似た言い方があるほかには、日本全国のなかでも珍しい表現です。『万葉集』のことばとの類似などから、古い日本語の秘密を解く鍵になる可能性があります。

41 ロシアに渡った薩摩の少年

ゴンザと薩摩方言資料

ゴンザは十八世紀初めの薩摩の少年です。一七二八年（一説には一七二七年）十一月に薩摩の港から大坂へ向かう船に乗り込みましたが、途中嵐に遭い、六か月あまりの漂流の末、ロシアのカムチャツカに流れ着きました。その後、ロシア東部での抑留を経て、一七三四年に首都ペテルブルクへ連れていかれ、一七三九年に亡くなりました。

ゴンザはロシア語・日本語対訳辞書やロシア語の文献の日本語訳をたくさん作りました。『露日辞書』『新スラヴ日本語辞典』『日本語会話入門』『簡約日本文法』『友好会話手本集』『世界図絵』として現在に伝わっていますが、これらの日本語もじつは薩摩方言です。

ゴンザが作ったこれらの文献の最大の特徴は、十八世紀初頭の薩摩方言がロシアの文字で表記されているということです。したがって、ここから当時の薩摩方言の発音・アクセント・単語・文法などをかなり正確に知ることができます。例えば、『世界図絵』には次のような単語がみられます（原本の文字をカタカナに置き換えて示します）。

シモガネ（氷）、ボブラ（かぼちゃ）、シェトウチ（洞穴）、カワウサギ（かわうそ）、

ダクマ（蝦、ざりがに）、ベッチェ（大便）、ブクブク（ひよめき）、チョクロク（椅子）、
カグラサン（巻揚機）、ヅンヅクサイヨ（杭打ち機、滑車支持杭）、トビシェビ（滑車）、
ツジマキ（嵐）、ショク（机）、ボイ（バッタ類）、ボボシ（売春婦）、チョブク（調伏　魔法）、
ガワッパ（河童　悪魔）

このように、当時の薩摩方言だけでなく、当時の薩摩の人々の生活の一端をも物語る貴重な資料となっています。それだけではありません。この『世界図絵』は、チェコ生まれの教育者コメニウス（一五九二～一六七〇年）が著した世界初の絵入り教科書の、日本語初訳（じつは薩摩方言訳）なのです。当時のロシアの教育にコメニウスの教科書が使用されていたという、教育の実態も知ることができます。ロシアにおける外国語教育史（この場合、日本語教育史）という面からも注目されるものです。ゴンザの資料は、文化史や教育史の面でも高い価値を持っているのです。

鹿児島県立図書館には原本のマイクロフィルムやこれらの資料を解読したもの、関係図書などが所蔵されています。興味のある方はぜひ一度、ここを訪れてみてください。

（江口泰生）

これが九州方言の底力！

薩摩の少年ゴンザは、漂流の末ロシアに渡り、辞書や教科書などの翻訳に携わって、当時の薩摩方言を書物に残しました。方言資料としてだけでなく、文化・教育方面で価値の高い資料です。

42 沖縄、中国へつながる九州方言

めんそーれー（琉球方言）

おさいじゃったもんせ（鹿児島方言）

これは、どちらも「いらっしゃいませ」という意味を示すことばです。このように、海を隔てた九州と沖縄では、ことばの姿が大きく異なります。このことから、九州方言と琉球方言は、まったく異なる方言のように思われがちですが、じつは、両者の間に深いつながりがあったのではないかということが、早くからいわれてきました（『沖縄語辞典』一九六三年）。両者の語彙に似ているものが相当数あることから、琉球方言と本土方言が分かれた後にも琉球方言が九州で用いられ、それが九州方言の成立に影響を与えたのではないか、というのです。

これに新しい視点を加えたのが早田輝洋氏（『音調のタイポロジー』一九九九年）です。氏が注目したのはアクセントでした。次ページの図は早田氏が示したアクセント分布図です。■の地域は、音の下がり目や上がり目がどこにあるかによってアクセントの型が決まる地域です。例えば、東京方言の「雨」と「川」と「風」は、音の下がり目の位置が、それぞれ「ア」の次、「ワ」の次、

下がり目なし、のように決まっています。例を挙げておきましょう（傍線は高く発音することを表す）。

雨　あめ　あめが　あめから　あめばっかり
川　かわ　かわが　かわから　かわばっかり
風　かぜ　かぜが　かぜから　かぜばっかり

このようなアクセントを早田氏は「狭義のアクセント」と呼んでいます。

それに対し、▥の地域は、語や文節の長さに関係なく、アクセントの型の種類がいくつと決まっている地域です。例えば、鹿児島方言ではどんなに長い文節でも、最後が下がるタイプと最後が上がるタイプの二種類しかありません。「川」と「風」は下がるタイプ、「雨」は上がるタイプです。

川　かわ　かわが　かわから　かわばっかり
風　かぜ　かぜが　かぜから　かぜばっかり

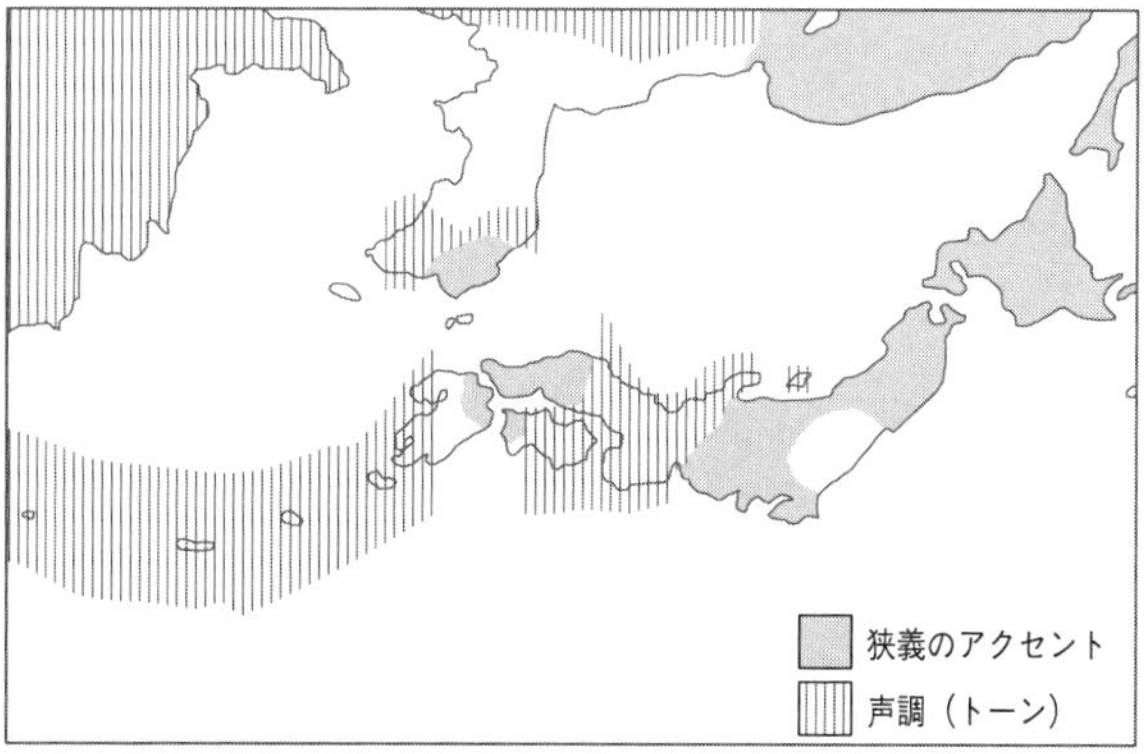

早田輝洋『音調のタイポロジー』P.35をもとに作図

雨　あめ　あめが　あめから　あめばっかり

このようなアクセントを氏は「語声調」と呼びました。

「語声調」には面白い法則があります。それは、右の例のように、最初に下がるタイプの語がくると、後ろのことばにかかわりなく文節全体が下がるタイプになり、最初に上がるタイプの語がくると、文節全体が上がるタイプになるという法則です。つまり、最初の語がアクセントを決めるという法則ですが、これにより複合語も、下がるタイプの語で始まる複合語はすべて下がるタイプになり、上がるタイプの語で始まる複合語はすべて上がるタイプになります。

川　かわかみ（川上）　かわくだり（川下り）
　　かわさき（川崎）　かわさきさん
雨　あまがさ（雨傘）　あめあがり（雨上がり）
　　あめみや（雨宮）　あめみやさん

以上は鹿児島方言の例ですが、同じような特徴は九州西海岸から琉球にかけての地域に広がっています。沖縄は島が異なれば相通ぜずというくらい、ことばが違っていますが、音調の面ではそのほとんどが、型の種類が三〜一種類の「語声調」という共通する特徴を持っています。また、複合語のアクセント法則についても、首里方言は鹿児島市方言とよく似た規則を持っていることが最近の﨑村の調査でわかってきました。琉球方言のアクセントの実態が解明されることにより、九州と琉球のつながりに新たに目が向けられるようになってきたのです。

この図が示しているのはそれだけではありません。図では「語声調」の地域が海を隔てて韓国や中国につながる形になっています。日本語と中国語、韓国語は、祖先を異にする言語だと考えられていますが、にもかかわらず、東シナ海を囲む地域に「語声調」という共通した特徴が広がっていることになるわけで、かなり興味深い話となってきます。

東シナ海沿岸地域には古くから人々の交流があり、ことばの面でもお互いに影響し合い、刺激し合ってきたと思われます。「語声調」という共通の特徴も、弥生時代初めごろの、中国を起点とする人々の交流が、この地域にもたらしたのではないか、と考えることができます。まだ解明すべき点は少なくありませんが、九州方言と琉球方言の共通点を探る試みは、海を越えて異文化と積極的に交流した、古代の人々の営みへと、想像を誘うものでもあります。

（﨑村弘文・木部暢子）

これが九州方言の底力！

西南部九州から琉球、さらに朝鮮半島南部、中国に分布する「語声調」の特徴は、古くからこの地域の人々の間に交流があったことを物語っています。九州方言には九州人の幅広い交流が反映されているのです。

(1)「がまだす」の意味はどれか。
ア 我慢する　イ 頑張る　ウ 苦しむ

(2) 宮崎方言「元気なかった」はどんな意味か。
ア 元気だった。
イ 元気じゃなかった。
ウ 元気そうだった。

(3)「飛行機がつーだ」は九州方言ではどのような意味か。
ア 続いた　イ 着いた
ウ 飛んだ　エ 通った

(4) 長崎の方言「ろーはっせん」は何を指すか。
ア ガラス　イ 落花生
ウ ろうそく　エ かぼちゃ

(5)「スガリ」は東北方言では蜂。では、九州方言では何を指すか。
ア 蛾　イ 蛇　ウ 蟻　エ 蝸牛

(6) 大分など九州北部の方言で「4時前5分」はいつのことか。
ア 3時55分　イ 4時4分　ウ 4時5分

九州方言力検定 3

(7)「どんたく」は、もともとオランダ語が起源。では、オランダ語でどんな意味だったか。
ア 休日　イ お祭り
ウ 礼拝　エ 市場

(8) 種子島で男子を指して「あん児《こ》はくやしむじょか」と言うとき、傍線部はどんな意味か。
ア くやしいくらいイケメンだ。
イ イケメンではないが、愛嬌がある。
ウ 救いようがないほどむさくるしい。

(9) 宮崎や鹿児島で使われる「ぐらしか」の語源として正しいものを選びなさい。
ア 英語のgrace　イ「愚」らしい
ウ「我」らしい　エ「業」らしい

(10)「今日」と「正月」を九州方言でそれぞれ、どのように言うか。正しい組み合わせを選べ。
ア 今日＝きょー、正月＝しょーがつ
イ 今日＝きょー、正月＝しゅーがつ
ウ 今日＝きゅー、正月＝しょーがつ
エ 今日＝きゅー、正月＝しゅーがつ

↓こたえは186頁

参考文献

【九州方言全体】

平山輝男『九州方言音調の研究』学界之指針社、一九五一

遠藤嘉基編『方言学講座第四巻　九州・琉球』東京堂、一九六一

吉町義雄『九州のコトハ』双文社出版、一九七六

九州方言学会編『九州方言の基礎的研究』風間書房、一九六九（改訂版一九九一）

原田種夫他『九州方言考――ことばの系譜』読売新聞社、一九八二

飯豊毅一他編『講座方言学第九巻　九州地方の方言』、一九八三

奥村三雄『九州方言の史的研究』桜楓社、一九八九

神部宏泰『九州方言の表現論的研究』和泉書院、一九九二

陣内正敬『北部九州における方言新語研究』九州大学出版会、一九九六

陣内正敬『地域語の生態シリーズ――九州篇　地方中核都市方言の行方』おうふう、一九九六

早田輝洋『音調のタイポロジー』大修館書店、一九九九

井上史雄他編『日本列島方言叢書24　九州方言考』ゆまに書房、一九九九

木部暢子『西南部九州二型アクセントの研究』勉誠出版、二〇〇〇

井上史雄・吉岡泰夫監修『九州の方言――調べてみよう暮らしのことば』ゆまに書房、二〇〇三

﨑村弘文『琉球方言と九州方言の韻律論的研究』明治書院、二〇〇六

江口泰生『ロシア資料による日本語研究』和泉書院、二〇〇六

有元光彦『九州西部方言動詞テ形における形態音韻現象の研究』ひつじ書房、二〇〇七

【福岡方言】

早田輝洋『博多方言のアクセント・形態論』九州大学出版会、一九八五

【佐賀方言】
志津田藤四郎『佐賀の方言　上・中・下』一九七〇～七八
福山裕『佐賀弁一万語』佐賀印刷社、一九九五
【長崎方言】
篠崎久躬『長崎方言の歴史的研究』長崎文献社、一九九七
【熊本方言】
秋山正次『肥後の方言』桜楓社、一九七九
秋山正次・吉岡泰夫『暮らしに生きる熊本の方言』熊本日日新聞、一九九一
【大分方言】
松田正義『方言生活の実態』明治書院、一九六〇
大分県総務部総務課編『大分県史・方言篇』一九九一
【宮崎方言】
比江島修一『宮崎県史　資料編　民俗2』「方言」、一九九二
【鹿児島方言】
南日本新聞社編『かごしま弁』筑摩書房、一九八四
上村孝二『九州方言・南島方言の研究』秋山書店、一九九八
【シリーズ】
「日本のことばシリーズ」明治書院
『福岡県のことば』（一九九七）
『佐賀県のことば』（二〇〇三）
『長崎県のことば』（一九九八）
『鹿児島県のことば』（一九九七）

九州方言力検定 1（72頁）のこたえ
(1)イ　(2)ウ　(3)ウ　(4)イ　(5)ウ　(6)イ
(7)エ　(8)ア　(9)イ　(10)イ

九州方言力検定 2（130頁）のこたえ
(1)イ　(2)ア　(3)ウ　(4)ア　(5)エ　(6)ウ
(7)エ　(8)アウ　(9)イ　(10)ウ

九州方言力検定 3（184頁）のこたえ
(1)イ　(2)ア　(3)ウ　(4)イ　(5)ウ　(6)ア
(7)ア　(8)イ　(9)エ　(10)ウ

さくいん

■事項■

■語句(方言)■

執筆者一覧 （50 音順　*は編集委員）

有元光彦（ありもと　みつひこ）　山口大学国際総合科学部教授
植村雄太朗（うえむら　ゆうたろう）　『種子島方言辞典』(武蔵野書院)共編
江口泰生（えぐち　やすお）　岡山大学社会文化科学研究科教授
小川俊輔（おがわ　しゅんすけ）　県立広島大学人間文化学部准教授
加藤正信（かとう　まさのぶ）東北大学名誉教授
岸江信介（きしえ　しんすけ）　徳島大学名誉教授
*木部暢子（きべ　のぶこ）　国立国語研究所教授
坂口　至（さかぐち　いたる）　熊本大学名誉教授
﨑村弘文（さきむら　ひろふみ）　久留米大学文学部教授
*杉村孝夫（すぎむら　たかお）　福岡教育大学名誉教授
田中利砂子（たなか　りさこ）　南九州短期大学講師
坪内佐智世（つぼうち　さちよ）　福岡教育大学教育学部教授
友定賢治（ともさだ　けんじ）県立広島大学名誉教授
中村萬里（なかむら　まさと）　筑紫女学園大学文学部教授
二階堂　整（にかいどう　ひとし）　福岡女学院大学人文学部教授
濱中　誠（はまなか　まこと）　岐阜聖徳学園大学専任講師
早野慎吾（はやの　しんご）　都留文科大学文学部教授
*日高貢一郎（ひだか　こういちろう）　大分大学名誉教授
藤田勝良（ふじた　かつよし）　佐賀大学文化教育学部教授
松田美香（まつだ　みか）　別府大学文学部教授
村上敬一（むらかみ　けいいち）徳島大学大学院社会産業理工学研究部教授
吉岡泰夫（よしおか　やすお）　別府大学大学院教授

これが九州方言《きゅうしゅうほうげん》の底力《そこぢから》！

NDC818／191p／19cm

初版第1刷――2009年5月10日
第7刷――2019年9月1日

編　者――――九州方言研究会《きゅうしゅうほうげんけんきゅうかい》
発行者――――鈴木一行
発行所――――株式会社大修館書店
〒113-8541 東京都文京区湯島2-1-1
電話03-3868-2651（販売部）/03-3868-2291（編集部）
振替 00190-7-40504
［出版情報］https://www.taishukan.co.jp

装丁者――――鳥居　満
印刷所――――壮光舎印刷
製本所――――牧製本

ISBN978-4-469-22200-5　　Printed in Japan